Propiedad de...

_____

MOMENTOS CON

JESÚS

BIBLIA DE ENCUENTROS

20 historias de interacción con los cuatro Evangelios

Bill Johnson

Eugene Luning

Ilustrado por Kristen y Kevin Howdeshell

DESTINY IMAGE® PUBLISHERS, INC.
P.O. Box 310, Shippensburg, PA 17257-0310

«Promovemos vidas con inspiración».

Este libro y todos los demás, propiedad de Destiny Image y Destiny Image Fiction, están disponibles en librerías y distribuidores cristianos de todo el mundo.

Ilustraciones de Kevin y Kristen Howdeshell

Para más información sobre los distribuidores extranjeros,
llame al 717-532-3040.

Póngase en contacto con nosotros en Internet: www.destinyimage.com.

ISBN 13: 978-0-7684-6129-9

ISBN 13 eBook: 978-0-7684-6130-5

Para su distribución en todo el mundo, impreso en los EE.UU.

1 2 3 4 5 6 7 8 / 25 24 23 22 21

MOMENTOS CON
JESÚS
BIBLIA DE ENCUENTROS

20 *historias de interacción con los cuatro Evangelios*

Bill Johnson

Eugene Luning

Ilustrado por Kristen y Kevin Howdeshell

Reconocimientos

Eugene Luning

«Mi corazón está lleno de gratitud hacia tantos. A Bill, por sus maravillosas palabras y su trabajo en este proyecto. A Kevin y Kristen por "ver" a Jesús con esos mismos ojos. A todo el equipo de Destiny Image, por creer que podíamos darle vida de una manera novedosa. A Christian, por ser el mayor animador que he conocido.

«Y gracias a Anchor Fellowship, aquí en Colorado, por permitirme experimentar durante tantos años, con estos estilo y voz particulares. Gracias a Adam, Mike y Marvin por ser visionarios y "apasionados" a nombre del Other Country (el Otro País). Gracias a Young Life por ser el primer ministerio que confió en mí para hablar de Jesús.

«Y gracias a Hadley, Tripp y Hoyt: ustedes son los mejores jóvenes seguidores de Jesús que conozco.

«Y gracias a mi Jenny —por recorrer hasta aquí todo este camino conmigo— eres la mejor persona que conozco. Te quiero y te amo".

Kevin y Kristen Howdeshell

«Gracias a Christian y Eugene por confiarnos las ilustraciones y por darnos mucha libertad creativa».

Contenido

Introducción para los padres

del Bill Johnson

Jesús a menudo daba lecciones naturales que tenían implicaciones espirituales. Por ejemplo, cuando hablaba en parábolas sobre la cosecha, utilizaba una realidad natural con la que sus oyentes estarían familiarizados para enseñarles una realidad superior en el mundo espiritual (véase Mateo 13). Del mismo modo, el marido y mujer deben amarse mutuamente (véase Ef. 5). Eso es absolutamente cierto en lo natural. Pero la familia unida es también una imagen profética del amor de Jesús por su Esposa, la Iglesia. La estructura y el compromiso de la familia terrenal hablan proféticamente de lo que significa formar parte de la familia de Dios.

La oración que Jesús enseñó a sus discípulos comenzaba con las palabras"Padre nuestro". Estamos unidos bajo la familia de Dios,—hermanos y hermanas en Cristo, que crían hijos e hijas. Toda expresión de su reino, toda manifestación de su voluntad en la tierra, se revela en el contexto de la familia. Una vez que abandonas el concepto de vida familiar —el aspecto relacional de la naturaleza de Dios— has dejado el tema del reino.

Cuando era un padre joven, pasé la mayor parte de mi tiempo de oración y estudio de la Biblia dedicado a descubrir lo que las Escrituras tenían que decir sobre ser un buen marido y padre. Como prioridad para un pastor , eso puede sonar extraño para algunos, pero esos fueron los temas que consumieron mi tiempo y enfoque con el Señor. Sabía que mi familia era la primera y más importante iglesia que iba a pastorear. Así que quise saber lo que el Señor tenía que decir sobre la familia. No quería tener éxito en el ministerio, pero fracasar en casa. No quería impactar a las multitudes, sin impactar a mis propios hijos.

Comenzamos a desarrollar esta cultura dentro de nuestro hogar, alimentando la relación personal de cada uno de nuestros hijos con Dios. Cada niño es único. Lo que funcionó con mis hijos no funcionó con mi hija. Recuerda quela Biblia dice que debemos educar a cada hijo "en el camino que debe andar" (Proverbios 22:6 NBLA). No dice que debamos educar a nuestros hijos de la manera que creemos que deben ir. Tenemos el honor de administrar el destino y el futuro de personas que han sido diseñadas de forma única por el Creador del universo para influir en el mundo para su gloria. No hay mejor escenario que el hogar para enseñar a los niños el corazón de Dios hacia ellos.

Sin embargo, cultivar la intimidad de su hijo con Dios no ocurrirá por accidente. El ajetreo de la vida tiende a invadir todas nuestras buenas intenciones. Las cosas más importantes tienen que programarse intencionalmente; de lo contrario, cuando varias cosas empiecen a ejercer atracción de nuestra parte, perderemos de vista el importante papel que desempeñamos en la vida de nuestros hijos. Herramientas como esta Biblia de Encuentros permiten a los padres y abuelos entablar conversaciones con los niños con un propósito. Nunca nos arrepentiremos de haber dedicado tiempo para facilitar la relación de nuestros hijos con Dios.

Beni y yo intentamos cultivar la conexión de nuestros hijos con Dios de diversas maneras. Esperábamos que nuestros hijos escucharan la voz de Dios, así que ellos también aprendieron a esperarla. Intentamos que no fuera una prueba espeluznante e intensa para ellos, sino que simplemente los invitamos a escuchar la voz de Dios con frecuencia, pero sin presiones. Estábamos en un grupo pequeño con niños y adultos, y yo decía: "Dime lo que crees que Dios está haciendo en su vida" señalando a alguien en la sala. Los niños solían hablar con claridad y perspicacia, lo que daba mucho ánimo a esa persona. Los entrenábamos para que escucharan a Dios y hablaran desde su propia convicción. Con el tiempo, se convirtió en algo muy natural para ellos.

También los invitamos a participar en nuestro propio viaje de relación con el Señor. Recuerdo varias veces, durante sus años de crecimiento, en las que me enfadaba por algo o le faltaba el respeto a alguien, quizá a uno de los niños o al conductor del coche que acababa de cortarme el paso. Me confesaba con toda la familia y hacía que mis hijos posaran sus manos en mí y rezaran por mí. Los invitamos a experimentar nuestra convicción, pero también a participar en nuestro arrepentimiento y perdón, mientras buscábamos al Espíritu Santo en nuestra vida diaria.

Comenzaron a comprender que todo en nuestras vidas giraba en torno a nuestro valor por la presencia de Dios. Fueron testigos de nuestros tiempos de oración y lectura de la Biblia, de nuestra adoración, de nuestros errores y de nuestras victorias a medida que madurábamos en Cristo. Y también nos esforzamos por dar a conocer su crecimiento. Cuando uno de ellos honraba o servía al otro, los detenía diciendo: "¿Sabes lo que era eso?". Me miraban como si estuvieran en problemas. Pero yo decía: "Eso fue un fruto del Espíritu. Eso fue amabilidad. Es una evidencia del Espíritu Santo trabajando en tu vida. Estoy muy orgullosa de ti. Buen trabajo".

Tenemos la increíble responsabilidad de demostrar cómo son Dios y su mundo cuando criamos a nuestros hijos y nietos. Como padres, gobernamos nuestros hogares con el propósito de proteger, pero también servimos con el propósito de empoderar a nuestros hijos. Queremos liberar a los jóvenes hacia su destino. Ese es el privilegio de la paternidad.

Nuestro libro, Momentos con Jesús, invita a sus hijos o nietos a encontrarse poderosamente con el Jesús que obró milagros, difundió esperanza y bendijo con alegría a los niños, conociendo a cada uno de ellos por su nombre. En estas páginas, tendrán el privilegio de imaginar lo que habrían sentido al estar junto al Hijo de Dios, el Hijo del Hombre. A través de una entretenida narración, los niños de su vida podrán sentir por sí mismos las increíbles verdades del Evangelio: Dios los ve y los conoce, Jesús los eligió y sacrificó todo para que estuvieran con Él para la eternidad. El tipo de ambiente creado por estas ideas inspira a los niños a soñar los sueños que dan gloria a Dios. Con esto como base, nuestros hijos estarán preparados para enfrentarse con cualquier gigante que se les presente.

Por Bill Johnson
Iglesia Bethel, Redding, California

Capítulo 1

El comienzo

Lucas 2.8-20

Imagina que estás tumbado sobre el pasto más verde y fresco. En lo alto, el cielo nocturno se manifiesta en toda su extensión ante tu vista: millones de estrellas resplandecientes dan brillo a la oscuridad de una noche sin luna. Respiras profundo para percibir todos los olores de la hierba, las flores silvestres, la tierra y el rebaño de ovejas que duermen cerca. Tú mismo estás casi dormido ahora, escuchando sólo la conversación de tus amigos, el crepitar del fuego, el soplo de la brisa...

¡Es entonces que tu vista se ilumina de repente por un hombre!

Pero ¿es un hombre? Te preguntas.

Está de pie más allá de la hoguera, deslumbrando tus ojos con luz; mientras mira justo hacia ti y tus amigos.

—¡No tengas miedo! —dice con una voz resonante, casi abrumadora—. Miren que les traigo buenas noticias que serán motivo de mucha alegría para todo el pueblo. Hoy ha nacido en la Ciudad de David un Salvador, que es Cristo, el Señor. Esto les servirá de señal: Encontrarán a un niño envuelto en pañales y acostado en un pesebre.

En este momento, tu corazón se acelera. Tienes los ojos muy abiertos: nunca habías oído ni visto algo parecido...

De repente, el cielo —que hace un momento estaba oscuro y tachonado por un millón de estrellas— ahora ¡se ve *invadido por el Ejército del Cielo!* Hombro con hombro, es como si marcharan desde el Salón del Trono del Cielo —brillando con el fuego de mil soles— y tú te aferras a la tierra, tratando de evitar su avance.

Pero con alegría, comienzan a tocar trompetas y a gritar para que todos los oigan, para que tú los oigas: «¡Gloria a Dios en las alturas! Paz en la tierra entre los hombres de buena voluntad».

Y entonces, sin más, con el sonido atronador de su adoración aún resonando en tus oídos...

...con la hierba todavía inclinada bajo el toque de sus trompetas...

...se han ido.

Miras a tu alrededor. Todos tus amigos están clavados en la tierra, tan asustados y asombrados como tú, más todo lo demás vuelve a ser oscuridad. Los millones de estrellas resplandecientes vuelven a iluminar la oscuridad de la noche sin luna; el único sonido es el crepitar del fuego.

Te pones de pie. Tu corazón sigue acelerado. Dices a tus amigos:

—¡Vamos a Belén a ver esto que el Señor nos ha dado a conocer!

Y así toman su camino...

viajando por las colinas oscuras...

cruzan arroyos y praderas y caminan bajo
los árboles que se extienden...

...hasta que, bajando la cabeza para entrar por la abertura de una ladera que alberga un establo, tu mirada se cruza con la visión de una joven madre y un padre en el interior. Tus ojos tardan un momento en adaptarse a la tenue luz de la lámpara dentro...

Y allí está Él. La persona más poderosa de toda la historia de la humanidad —el poderoso general de ese ejército de ángeles— que está acostado y en pañales, en una cama de heno.

Un bebé. En un pesebre.

Él gira ligeramente la cabeza y los ojos de ambos se encuentran por un momento. Caes de rodillas y adoras a este Cristo, tu Señor.

La invasión ha comenzado. ¡Gloria a Dios en las alturas!

Hablemos de esto

¿Cómo crees que te habrías sentido si hubieras sido uno de los pastores?

¿Qué aspecto crees que tendría el niño Jesús?

¿Has visto alguna vez un ángel? ¿Cómo crees que sería un ejército del cielo?

Capítulo 2

Una noche en el río

Mateo 3.1-17, Marcos 1.1-11, Lucas 3.1-22

Imagina que estás de pie en las aguas de un río que fluyen suavemente hasta tus rodillas, y sientes la frescura de la corriente al pasar. A ambos lados del río, las colinas de color marrón dorado se elevan y se extienden; la orilla de la ribera está sombreada por ramas y hojas que se arremolinan con el viento. Ya es casi la hora del atardecer. Has estado casi todo el día de pie al borde de las aguas; por fin, hasta hace un momento, te quitaste las sandalias y te metiste al río. Los colores rojo y naranja del crepúsculo empiezan a surgir; las aguas se ven ahora casi verdes; cierras los ojos y disfrutas del apacible sonido de su fluir...

Estás esperando ser bautizado por el Bautista. El hombre llamado Juan. El hijo de Zacarías, el viejo levita. Al mirar a tu alrededor, observas los rostros de todas las demás personas en la multitud; tienen un aspecto feliz y de esperanza, alegre, pero también, un poco serio. Se ven serios porque Juan el Bautista, el hombre que está adelante de ustedes en el río, el que lleva una piel de camello raída, los llama a todos hacia a una vida nueva. Está diciendo que las cosas viejas se han ido para siempre; lo nuevo está llegando — y llegando *muy pronto*.

En cierto modo, Juan el Bautista te asusta. Te asusta porque se le ponen los pelos de punta —come langostas salvajes, tal como has oído— y, sobre todo, te asusta por la mirada que tiene.

Los ojos de Juan el Bautista son salvajes. Reflejan lugares inclementes, lo que es vivir en cuevas, grandes distancias peligrosas y, sin embargo, también reflejaban el poder y la bondad del propio Cielo. La razón por la que has venido al río a escuchar a Juan y para ser bautizado por él, es porque quieres saber cómo es el Cielo...

De repente, Juan guarda silencio.

Se para derecho.

Todos guardan silencio al ver cómo cambia su rostro. Está mirando por encima de tu hombro, justo detrás de ti, y das vuelta para mirar: Tú ves al Hombre que Juan el Bautista está mirando.

Este hombre está vestido como cualquier otro hombre: capa, túnica, cinturón y un par de sandalias desgastadas en sus pies polvorientos. Camina entre la multitud como cualquier otro hombre lo haría: No hay nada especial en la forma en que se acerca.

Oh, pero Su rostro: Su mirada: ¡Sus ojos! Son serios pero risueños; amables pero poderosos; intensos, pero tan apacibles como los de un cordero feliz...

Lo observas mientras pasa a los últimos de la multitud en la orilla, quitándose las sandalias y entrando al agua en tu dirección. Y aquí Él se acerca: Te roza — puedes olerlo: el olor del taller, de la carpintería; y luego pasa por delante de ti en dirección a Juan...

Juan inclina su cabeza mientras el Hombre se acerca. Toda la multitud está en silencio; observando, esperando. Juan el Bautista y el Hombre se susurran unas palabras y luego —como todo el mundo— el Hombre es bautizado por él. Se apoya en los brazos de Juan y luego éste lo sumerge en el agua y entonces —¡SPLASH!— Se levanta de nuevo...

Excepto...

...de repente, algo sucede.

Es como si el cielo se partiera en dos, como una cortina por la mitad, el naranja y el rojo del atardecer abiertos y detrás, una luz brillante. Una luz más brillante que el sol de mediodía en un día de agosto.

¡No puedes creer lo que estás viendo!

Y de esa luz brillante, un pájaro —una paloma— baja volando por encima de las colinas, de los árboles, sobre el río, y se posa sobre el Hombre. Se apoya en su hombro y luego...

desaparece.

Y, de repente, el suelo a tu alrededor empieza a temblar y a estremecerse al oír una voz que viene del cielo:

—*Este es mi Hijo muy querido,*
en quien se complace mi corazón.

Estarías muy asustado con todo esto —ese cielo rasgado, la paloma celestial, esa voz atronadora— si no estuvieras tan atrapado por el Hombre. Porque Él ahora está mirando en tu dirección. Y no puedes dejar de mirar sus ojos maravillosos...

Hablemos de esto

¿Has sido bautizado? ¿Fue en un río, como la historia, o fue en otro lugar? ¿Qué crees que pasó cuando te bautizaron?

Haz un dibujo o describe cómo crees que era Jesús.

¿Qué crees que está diciendo Dios sobre ti en este momento? ¿Qué tipo de cosas ama Él de ti? ¿Qué crees que le agrada de lo que eres?

Capítulo 3

La noche de la boda

Juan 2.1-11

Imagina que eres invitado a una hermosa fiesta de boda. Pasaste el día comprando un regalo, preparándote y vistiéndote: Te ves absolutamente de lo mejor mientras observas la ceremonia. Los novios son personas a las que conoces y quieres mucho; son tan felices como pueden ser; todas las personas de tu comunidad están aquí para celebrarlo con ellos. Y ahora la hermosa novia y el apuesto novio se besan: *¡ya están casados!* — Y en este momento, todo el mundo está listo para ir a la fiesta y divertirse...

Por cierto, ¡qué gran fiesta! Mientras entras al patio de la casa de la familia de la novia, miras con asombro toda la decoración, la comida y la diversión. Está claro que las dos familias han gastado todo lo que *pudieron permitirse* para que esta fiesta —y esta noche— fueran recordadas para siempre por todo el pueblo...

Y ¡ah! ¡la comida se ve tan deliciosa para ti! Comes aperitivos, platos principales, sabrosas golosinas y postres hasta sentirte más que satisfecho. ¡No olvidaron nada de lo que te gusta comer! Y ahora —*¿Qué es eso?*— el ambiente se llena de música — hay una banda de músicos tocando —*¡WOW!*— ¡Esto va a ser divertido!

Te diriges a la pista de baile para bailar con tus amigos. Y qué buenos pasos haces: ¡Todos tus mejores movimientos!

A veces, el público te rodea y te observa con grandes sonrisas. Y ahora, aquí vienen también los novios: Bailan y ríen a tu lado: Qué gran noche de fiesta...

Hasta que, finalmente —*¡Whew!*— Tienes sed de tanto bailar...

Dejas la pista de baile, atraviesas el patio hasta una parte donde los ayudantes están sirviendo el vino y el agua; te quedas al aire libre y observas la alegría de la fiesta a tu alrededor. En lo alto, solo un pedacito de luna brilla claramente a través de las estrellas; el patio está iluminado por antorchas y velas que parpadean...

Y es entonces cuando no puedes evitar notar una conversación nerviosa a tu lado. Dos sirvientes que hablan a la sombra de una alta columna.

—Ya no hay vino —susurra uno.

—¿*Qué?* —casi grita el otro—. ¿Cómo es eso posible?

—No lo sé —responde el primero—. Supongo que no planearon que vinieran tantos invitados...

Entonces, del otro extremo, escuchas una conversación diferente:

—Jesús —dice una mujer— no hay más vino.

—¿Y? —responde el Hombre—. ¿Qué quieres que haga, madre? Todavía no ha llegado mi hora...

Pero la señora —que claramente no está escuchando— pasa por delante de ti y dice a los ayudantes:

—Hagan lo que Él diga —señalando a su Hijo, y luego se dirige de nuevo a la pista de baile...

Todo esto ha llamado toda tu atención. Ahora, ¿Qué hará este Hombre? ¿Qué *puede* hacer?

Esto es lo que Él hace...

Dice a los sirvientes:

—Vayan a buscar esas grandes tinajas de barro —esas seis que están en el rincón— y tráiganmelas.

Ellos obedecen. Arrastran las tinajas.

Entonces, Él dice: —Ahora llenen las seis con agua, hasta el borde. No dejen ni una gota sin llenar.

Ellos obedecen. Llenan las seis tinajas hasta el tope.

Entonces, el Hombre indica, señalando con el dedo: —Lleva una copa al anfitrión de la fiesta. Deja que tome un sorbo. Te garantizo que le gustará lo que probará...

Sin embargo, los ayudantes no están seguros acerca de qué deberían hacer. Al fin y al cabo, ellos han trabajado todo el día en esta fiesta; *ellos* son los que han servido la comida y la bebida; *ellos* son los que se han dado cuenta de que el vino se está acabando. ¡¿Qué podría ser peor ahora que pasar una taza de AGUA al anfitrión de la fiesta y ser despedidos de sus puestos de trabajo, en ese momento?!

Pero, obedecen. Se acercan. Tú ves cómo se dirigen, con una pequeña taza de arcilla, hacia el anfitrión de la fiesta.

Y ahora estás observando al anfitrión dar un sorbo...

...miras como lo saborea en su boca por un momento...

...¡y ves cómo se iluminan sus ojos!

—¡El mejor que he probado! —exclama—. ¿De dónde ha salido este delicioso vino ya tan tarde? ¡Deberíamos haber tomado este vino *primero*!

Asombrado, das vuelta inmediatamente para mirar al Hombre que había hecho esto; que había convertido el agua en vino; que había salvado la noche, la fiesta, la boda...

Pero, sorprendentemente, Él ya te está observando cuando volteas para mirarlo...

y...

Te guiña un ojo...

¡antes de regresar a bailar!

Hablemos de esto

Háblame de la mejor fiesta a la que hayas asistido. ¿Había música? ¿Buena comida? ¿Amigos? ¿Qué crees que lo hizo tan divertido?

¿Qué crees que le gusta a Jesús de las fiestas? ¿Qué nos muestra esto sobre su personalidad?

Capítulo 4

El llamado en el agua

Lucas 5.1-11

Imagina que estás sentado en la borda de un barco, con el sol de la mañana en tu cara, respiras aire fresco mientras estiras los brazos por encima de la cabeza y bostezas. Acabas de desembarcar tu barco, arrastrando su proa por la orilla de arena y grava; ahora estás sentado y descansando de tu larga noche de trabajo. Sí, has estado toda la noche pescando en las profundas aguas azules del Mar de Galilea; ahora es el momento de limpiar las redes y dormir.

¿Tuviste una buena noche de pesca? No. No la tuviste. No hay un solo pez que aletee en la base de tu embarcación. Ni uno solo.

Por lo tanto, sintiéndote un poco frustrado, extiendes tu red en la playa dorada de arena y grava e inspeccionas su red y estructura en busca de desgarres y roturas. El sol se eleva sobre las colinas orientales que rodean el lago; el agua brilla con un millón de puntos de su luz. Mientras arrastras la red hacia ti y te sientas de nuevo en la borda de tu embarcación para remendarla, escuchas los sonidos de la mañana. Los pájaros cantan. El mercado comienza a abrir sus puertas. Los niños se dirigen a la escuela del pueblo.

Pero ahora que acabas de empezar a coser el borde de tu red, tus oídos comienzan a notar un montón de sonidos *diferentes*...

Cantos. Risas. Gritos.

El sonido de cientos, quizá miles de pasos de personas que suben y bajan, suben y bajan, suben y bajan...

Miras hacia la parte exterior de tu ciudad, justo por encima del margen del puerto, y aquí vienen: ¡es una *multitud increíble!*

¿Quiénes son estas personas? Y ¿de dónde han salido? Son mucho más que todos los habitantes de tu pueblo, ¡si los juntaras a todos! Y ahora —aquí vienen todos— caminan hacia el mismo lugar en el que estás sentado —hacia la orilla del lago— y en ese momento, te das cuenta del Hombre al que están siguiendo...

Él camina por delante de la multitud, con paso ligero. La luz dorada de la mañana se refleja en su rostro. Él parece estar disfrutando de cada momento de este nuevo día, feliz por toda la gente que lo sigue y, por un momento, tú llamas su atención. Él te saluda con un movimiento de cabeza y sonríe. Tú le sonríes también.

Al llegar a la orilla del agua, gira repentinamente sobre sus pasos y toda la multitud se detiene; se oye el sonido de sus sandalias en la playa de arena y grava hasta que callaron. El Hombre está a sólo unos metros de ti y de tu barco. Él está lo suficientemente cerca para que lo escuches, mientras comienza a hablar:

—El reino del cielo es como una red para pescar, que se echó al agua y atrapó toda clase de peces —dice—. Cuando la red está llena, los pescadores la arrastran a la orilla, se sientan y agrupan los peces buenos en cajas y...

Pero, incluso mientras está diciendo esto, la multitud sigue acercándose más y más a Él y ves cómo lo empujan al mar atrás. Te mira de nuevo.

—¿Te importa si uso tu bote por unos minutos? —te pregunta.

Así que, lo siguiente que sabes, es que le has sacado unos metros y Él está sentado en la popa de la barca, de nuevo enseñando a toda la multitud. Su voz se escucha poderosa y con verdad por encima de las olas que mece el viento y la gente está pendiente de cada palabra maravillosa que dice.

Tú también estás pendiente de cada palabra maravillosa que Él dice..

—¡Que tengan un día glorioso! —dice a la multitud para terminar; luego gira hacia ti en su banco de la barca para mirarte y hablarte.

—Entonces, ¿cómo estuvo tu noche de pesca? —pregunta.

—Asquerosa —respondes.

Él ríe con ganas y maravillosamente por la forma en que lo has dicho.

—Bueno, ¿deberíamos ver cómo resolver ese problema? —pregunta, y luego señala hacia el mar—. Sé de un buen lugar. Vamos. Solo tú y yo.

Y aunque sabes que es el peor momento para pescar —el sol ahora está a lo alto de esas colinas del este— hay algo acerca de este Hombre. Hay algo en su forma de hablar. La forma en que te mira a los ojos. Es como si Él ya supiera todo antes de que ocurra...

Entonces, remas otros cuarenta o cincuenta pies —no muy lejos de la costa— y entonces, Él te dice:

—Aquí está el lugar. Vamos a pescar. —Y ahora, juntos, este Hombre y tú, uno al lado del otro, están de pie, arrastrando la red y arrojándola por la borda de la barca al agua azul...

Y entonces...

...algo comienza a suceder.

Toda la barca empieza a inclinarse, a tambalearse y a sacudirse y casi te caes: *¡La red se llena de peces como nunca habías visto antes!* Puedes ver cómo los peces se agitan y vuelan hacia la red; es como si respondieran a una orden: *¡Tienen que entrar en esa red!»* Y ahora la borda de tu barca está cayendo casi hasta la línea de flotación; ¡comienzas a preocuparte de que esta enorme pesca pueda, de hecho, hundir tu barco!

Ese es el momento preciso en el que te acuerdas del Hombre que está a tu lado. Levantas tus ojos para ver lo que Él está haciendo en este momento.

Ves que el Hombre está sonriendo.

Riéndose.

Encantado.

Te mira a los ojos.

—A partir de ahora —dice— pescarás *personas* en lugar de peces. Ven conmigo ahora. Es hora de seguirme.

No tienes ni idea de lo que quiere decir o de lo que puede significar *todo* esto. Pero no importa.

Simplemente, *tienes* que seguir a este Hombre maravilloso. Es como si Él hubiera atrapado tu corazón para siempre.

51

Hablemos de esto

¿Alguna vez te has esforzado mucho en algo, pero no te ha salido bien? ¿Cómo te hizo sentir eso?

¿Cómo crees que fue el primer encuentro de Pedro con Jesús y la pesca de todos esos peces?

¿Qué crees que quiso decir Jesús cuando le dijo a Pedro que "pescaría gente en lugar de peces"?

Capítulo 5

Palabras maravillosas en una ladera

Mateo 5, 6 y 7

Imagínate sentado entre las flores silvestres de un prado en la ladera. Tras la extensión de la verde hierba cuesta abajo, brillan las aguas del Mar de Galilea, reflejando toda la belleza del cielo. Nubes grandes y esponjosas de color blanco brillante flotan perezosamente sobre este hermoso cielo azul; sólo un viento ligero agita la superficie del agua. A lo lejos, las alturas de la costa opuesta muestran las sombras de esas mismas grandes nubes: Ves pasar la luz y la oscuridad sobre ellas.

Es un día perfectamente hermoso, sentado donde estás...

Si te das la vuelta y miras hacia arriba ahora —hacia la colina en la dirección en la que mira la multitud que te rodea— estarás observando a Jesús. Ahí está: sentado más arriba de ti, sobre una roca, en la cima de la colina, mirando hacia abajo a ti y al resto de la gente. La misma brisa que sopla sobre y a través de las aguas, a través de la hierba, y a través de los tallos de las flores silvestres, resopla a través de Su cabello...

Él levanta su mano, de repente, para hablar. Todo el mundo se queda quieto y en silencio; todos se inclinan hacia adelante...

«¡Qué felices son los de corazón humilde, porque de ellos es el reino de los cielos!
«¡Qué felices son los que saben lo que es la tristeza, porque se les dará valor y consuelo!
«¡Qué felices son los gentiles, porque toda la tierra les pertenecerá!
«¡Qué felices son los que tienen hambre y sed de ser buenos, porque quedarán plena y totalmente satisfechos!
«¡Qué felices son los que tienen corazones misericordiosos, porque se les mostrará la misericordia!
«¡Qué felices son los puros de corazón, porque verán a Dios!
«¡Qué felices son los que hacen la paz, porque serán llamados hijos e hijas de Dios!
«¡Qué felices son los que han sufrido toda clase de penurias por ser buenos, porque el reino de los cielos les pertenecerá!».

Nunca en tu vida has escuchado palabras como estas, palabras que parecen poner el mundo al revés...

O, ¿lo ponen del lado correcto? Tu corazón se siente un poco confundido, pero también, como si estas palabras pudieran ser las mismas palabras de vida. Así que, de nuevo, concentras tu mente para escucharlo atentamente:

Él está diciendo: «*Tú eres la luz para todo el mundo. Es imposible ocultar una ciudad construida en la cima de una colina. Y la gente no enciende una lámpara y la pone debajo de un cubo, ¿verdad? No, la ponen en un candelabro y da su luz para que todos en la casa la vean. Así que deja que tu luz brille así, a la vista de toda la gente. Que vean las cosas buenas que haces y que alaben a tu Padre en el Cielo*».

Hasta ahora, en todos tus viajes con Jesús, te has sorprendido de cómo Él captura tu imaginación con sus hermosas imágenes en palabras. Unos momentos después, Él lo hace de nuevo. Él dice:

«*Te digo que no te preocupes nunca por vivir, preguntándote qué vas a comer o beber, o qué vas a ponerte. Seguramente, tu vida es más importante que la comida, y el cuerpo más importante que la ropa que llevas. Mira a los pájaros en el cielo*».

Miras hacia arriba. Efectivamente, una bandada de aves surca el gran cielo azul, justo en ese momento...

«*Estas aves no plantan semillas, no cosechan campos, ni almacenan en graneros y, sin embargo, el Padre Celestial las alimenta.*

«*¿No eres tú mucho más valioso para Él que ellos?*

«*Y ¿puede alguno de ustedes, por mucho que se preocupe, hacerse una pulgada más alto? Y ¿por qué te preocupas por tu ropa?*

«*Considera cómo crecen las flores silvestres...*»

Miras a tu alrededor. Allí están. Se mueven suavemente con la brisa...

«Estas flores —dice— no trabajan ni tejen sus ropas, pero les digo que ni siquiera el Rey Salomón en toda su gloria estuvo vestido como una de ellas. Y si Dios viste así a las flores del campo, que hoy están vivas y mañana muertas y desaparecidas, ¿no es mucho más probable que los vista a ustedes, gente de tan poca fe?»

«Por tanto, no te preocupes y no —¡POR FAVOR, no!— sigan repitiendo: '¿Qué vamos a comer?,¿qué vamos a beber?, ¿qué vamos a vestir?'.

Porque eso es lo que buscan siempre los incrédulos; tu Padre Celestial sabe que los necesitas todos, ¿no es así? Pero pon todo tu corazón sobre el reino y su bondad, y todas estas cosas simplemente se te darán».

¡Sí, eso es lo que quiero! —te das cuenta de repente. ¡Poner todo tu corazón en Jesús! Llevar una vida en la que seas conocido por Él, amado por Él, confiando en que Él te dará todo lo que necesitas, tal y como Él dijo...

«Todo aquel que escuche mis palabras y comience a vivirlas es como un hombre sabio que construye su casa sobre la roca. La lluvia cayó y las inundaciones subieron, mientras los vientos soplaban y estallaban contra esa casa y, sin embargo, no cayó porque estaba construida sobre la roca.

«Sin embargo, todo el que oiga mis palabras y no las siga, puede compararse a un hombre tonto que construyó su casa sobre la arena. Y cayó la lluvia y subió la inundación, mientras los vientos soplaban y estallaban contra aquella casa hasta que se derrumbó y cayó con gran estrépito...»

Y, tan repentinamente como había comenzado a decir todas estas palabras, sentado en lo alto de este prado en la ladera, se detiene de repente: Ha terminado de hablar. Se levanta de la roca en la que ha estado sentado y se abre paso entre la multitud, dirigiéndose hacia dónde estás tú...

59

Y al verte, Él se detiene; sonríe.

—¿Quieres recorrer este camino conmigo? —pregunta.

Hablemos de esto

¿Qué te sorprende de las personas que Jesús describe como felices?

¿Cómo crees que podría ser esconder tu luz bajo una cesta? ¿Por qué no quiere Jesús que hagamos eso?

¿De qué manera ha cuidado Dios de ti? Tomen un tiempo para enumerar juntos su provisión.

Capítulo 6

El más solitario encuentra el amor

Mateo 8.1-4

Imagina no tener ni un solo amigo en todo el mundo. Imagina que cada vez que vas a un sitio, cada vez que ves a alguien, esta persona hace todo lo posible por evitarte.

Lo que pasa es que, hace muchos años, tu vida cambió para siempre. Una mañana, despertaste, te levantaste de la cama, empezaste a vestirte y, al mirar hacia abajo, notaste que no sentías del todo tus manos. Y, con ello, notaste unas marcas de aspecto raro en tu piel, *¡que no estaban allí hace una semana!* — y, sin embargo, no pensaste en ello hasta esa tarde. Eso fue porque, mientras caminabas por el mercado esa tarde, alguien gritó de repente:

—¡Leproso! ¡Leproso! ¡Aléjate, leproso!

Miraste a tu alrededor para ver qué persona tenía lepra, quién era quien tenía su vida en ruinas, y entonces te diste cuenta...

Eras tú.

La multitud en el concurrido mercado te miraba a ti. Tu vida era la que ahora estaba arruinada para siempre...

Verás, todo el mundo en tu ciudad y en esta campiña creía que esta enfermedad llamada lepra sólo se podía transmitir estando cerca de la persona enferma. Pensaban que, si alguna vez tocaban a una persona con tu condición, también se convertirían en «leprosos», una persona con lepra. Así que, desde aquella tarde en el mercado, has vivido tu vida al margen de la gente, lejos de tus antiguos amigos. Vives en una pequeña choza en la cima de una colina. Solo logras comer cuando la gente la deja abajo. Obtienes tu agua, caminando por el valle hasta un arroyo. Ya nadie viene a verte...

Y, como si toda esa soledad y tristeza no fueran suficientemente malas, tu enfermedad sólo ha empeorado. Lo que había empezado con esa pequeña mancha de enrojecimiento en la mano se ha ido extendiendo lentamente por todo tu cuerpo. A veces, cuando te inclinas para beber agua en el arroyo, distingues tu reflejo en el agua. Ya ni siquiera pareces ser el mismo. Tu cara se ve casi aterradora debido a la propagación de la enfermedad. Manchas, lamparones, protuberancias; tu piel se ve tensa y enrojecida: A veces, lo único que quieres hacer es sentarte a llorar.

Eso es, hasta... hoy.

Hoy, sentado en el umbral de tu casa, empiezas a notar que hay una multitud de personas caminando por la ladera, dos colinas a la distancia. Iban caminando en grandes grupos: primero, decenas; luego, cientos; finalmente, miles de personas, todas subiendo por la ladera cubierta de hierba. Luego desaparecieron detrás de la orilla de la colina más cercana y te imaginaste que se habían detenido en un prado particular de hierba y flores. Muchas veces, has caminado solo por ese prado y, por lo tanto, decides acercarte un poco más para ver por dónde va toda la multitud...

Minutos más tarde, estás tumbado en la orilla de esa pradera, y estás escuchando las palabras más maravillosas, mientras te escondes en la hierba alta. Nunca olvidarás esas palabras hasta el final de tus días:

«Por tanto, no te preocupes y no —¡POR FAVOR, no!— sigan repitiendo: '¿Qué vamos a comer?, ¿qué vamos a beber?, ¿qué vamos a vestir?'.

Porque eso es lo que buscan siempre los incrédulos; tu Padre Celestial sabe que los necesitas todos, ¿no es así? Pero pon todo tu corazón en el reino y en Su bondad, y todas estas cosas se te darán».

Quien dice estas palabras está sentado en lo alto de la ladera, sobre una roca, con el sol resplandeciendo sobre su rostro. A través de la hierba, lo observas mientras habla y, de repente, algo en tu corazón te dice: «Él te ayudará. Este es el Hombre que te liberará».

Pero también sabes que rodearte de esa multitud, mezclarte con la gente, ver a los lugareños, es algo que nunca te podrán perdonar. Todavía recuerdas lo que sentiste cuando esa primera persona gritó: «¡Leproso! ¡Leproso!»
Y te aterra volver a vivir esa vergüenza....

Sin embargo, una vez más, observas al Hombre en la parte alta de la pradera; y cómo dice estas palabras de vida con tanto amor, con tanto corazón. Y ahora, te pones de pie y bajas por la orilla de la colina —hacia la pradera— mientras ves a ese Hombre descender. Puedes ver cómo la gente se aleja, huye, desde el primer momento en que te ve… pero simplemente ya no te importa. Debes acercarte a ese Maestro, ahora mismo. Ese es el único pensamiento que pasa por tu mente.

Y finalmente …aquí está Él…

Ahora, está a unos metros de distancia. Te pones de rodillas entre las flores y la hierba, y extiendes tus manos hacia Él:

—Señor —dices— si estás dispuesto, creo que puedes sanarme.

El Hombre detiene su paso; se queda quieto. Toda la multitud se queda en silencio. El Hombre gira la cabeza un poco hacia un lado —

Él te está observando— y entonces, da un paso para acercarse a ti.

¡Él extiende su mano para tocarte!

No has sentido un solo contacto en muchos años; casi tienes miedo cuando Él se inclina más y más cerca. Sin embargo, aquí viene Él, extendiendo su mano, y, sorpresivamente, sientes la sensación más asombrosa que jamás habías sentido. El Maestro te ha tomado del brazo y una gloriosa sensación de calor —casi como una descarga— emana de Su mano. Sientes ese calor mientras se extiende por todo tu cuerpo y, entonces, Él te dice:

—¡Claro que quiero! Sé sanado.

Y es cuando escuchas el jadeo de la multitud que de repente te das cuenta de que has estado cerrando los ojos —los abres—
no puedes creer lo que ven tus ojos…

Una mano que tiene el mismo aspecto que antes. Un brazo suave como la piel de un bebé.

Te pasas los dedos por la cara y te das cuenta de que está como antes, antes de que todo esto empezara…

Por un momento, tratas de averiguar qué se debe decir a ese Sanador que los ha liberado para siempre de una vida como de muerte.

Pero Él te habla antes de que tengas la oportunidad de darle las gracias:

—Sígueme —dice y sonríe.

Hablemos de esto

¿Puedes pensar en alguien de quien los demás niños se burlen o con quien no quieran jugar? ¿Ha experimentado alguna vez que te dejen de lado o te eviten? ¿Cómo fue eso?

¿Cuáles son algunas de las formas en que Jesús comunicó su amor por el leproso en la historia?

Capítulo 7

A través del techo

Mateo 9.1-8, Marcos 2.1-12, Lucas 5.17-26

Imagina que estás sentado en el suelo de madera, polvoriento y áspero, de una sencilla casita que *está abarrotada* de gente, de pared a pared. Hay gente sentada en el suelo al igual que tú. También hay personas sentadas en sillas y taburetes que han traído hasta aquí desde sus casas. Hay gente de pie que bloquea la vista; hay gente sentada en los alféizares de las ventanas; incluso hay otros que se asoman por esas ventanas, tratando de oír.

Estás sentado en esta sencilla casita, llena con toda esta gente porque Jesús de Nazaret está sentado en el centro de la vivienda.

Está sentado en una silla, con las piernas cómodamente cruzadas, esbozando su amable sonrisa y, como tantas veces, está en medio de la más maravillosa historia. Es una historia sobre cómo la fe en Dios es como una semilla y cómo, si tú la plantas, crecerá y crecerá. Es la imagen más maravillosa de cómo quieres vivir tu vida y cómo...

¿Qué fue eso?

¡Algo acaba de caer sobre tu cabeza!

Levantando tu mano, la pasas por tu cabello y un montón de polvo y paja se revuelven sobre tu nariz. También cayó sobre tus hombros.

¿De dónde ha caído ese polvo? —te preguntas.

Intentas concentrarte en Jesús de nuevo.

Está hablando de esa semilla de la fe y de la tierra y de la lluvia que cae para regarla, y casi vuelves a concentrarte...

Cuando, de repente, *¡un trozo de techo cae delante de ti!*

La gente se pone en pie de un salto y trata de alejarse; ¡Hay incluso un hombre que cayó al suelo por ese desastre que acaba de ocurrir! El pobre hombre parece haber sido atrapado en una tormenta de polvo: Está cubierto de pies a cabeza con trozos de yeso, palos, paja, polvo, y suciedad...

Se limpia los ojos con la punta de los dedos. Sonríe.

¡Te das cuenta de que el Hombre es Jesús!

Y ahora, con Él, estás mirando hacia arriba: hacia el techo, las vigas y el *agujero ¡que empieza a abrirse arriba!* No puedes creerlo: Hay martillos, cinceles, manos y dedos cavando y arañando el techo desde la parte superior, ¡están entrando! Toda la gente en el interior está mirando

hacia arriba ahora...

El agujero de arriba se hace cada vez más grande, hasta que...

¡El agujero es tan grande como un hombre!

Entonces, lo siguiente que observas es que el grupo de hombres en el tejado se asoman para mirar hacia abajo a través del agujero, y están escudriñando a la multitud en busca de algo. Al ver a Jesús, se llenan de alegría. Han estado haciendo

un agujero en el techo para poder ver a Jesús.

Y luego, por un segundo, desaparecen...

Toda la multitud espera, preguntándose...

Y ahora, están arrastrando a un hombre en una camilla hacia el agujero en el techo y, tomando cuerdas,

¡lo están bajando directamente a la habitación! Se desliza hacia abajo en medio de toda la gente y todos tratan de retroceder para darle un lugar para aterrizar. Y, efectivamente —BUMP— aterriza

justo delante de Jesús...

Todo el mundo está conteniendo la respiración...

¿Qué dirá o hará Jesús? O ¿Qué hará o dirá?

¿Gritará a través del techo por los daños; regañará al hombre que tiene en frente; pedirá que limpien su manto?

¿Qué hará Jesús?

Bueno, Jesús sonríe. Luego se ríe. Después, sacude la cabeza. —Amigo mío —le dice al hombre que yace ante Él sobre el piso—, ¡tus pecados han sido perdonados!

Al instante se escucha un murmullo por encima de tu hombro. Miras hacia atrás. Hay una fila de líderes religiosos detrás de ti. Están susurrando entre ellos: —*¿Quién es este hombre que actúa como si fuera Dios? Sólo Dios puede perdonar los pecados, no los hombres.*

Y ahora volteas hacia Jesús para ver lo que pasará y ahora mismo está pasando: Está mirando a esos mismos líderes religiosos. —¿Por qué tienen esos pensamientos en sus corazones? —les pregunta—. ¿Qué creen que es más fácil decir: ¿'Tus pecados están perdonados' o 'Levántate y anda'?

Entonces, Jesús se levanta frente al hombre que yace en la camilla, le sonríe y luego vuelve a mirar a los líderes religiosos. —Pero —dice Él— para que entiendan que tengo el poder de perdonar los pecados, haré esto...

Mira al hombre.
—Te digo —ordena— Levántate... camina... y ve a casa.

Y el hombre en el suelo —un hombre que empiezas a reconocer como aquel mendigo discapacitado del centro del pueblo— se sienta y se inclina hacia adelante. Sus ojos se han llenado de una extraña alegría que nunca habías visto en la cara de un hombre —*nunca*— en toda tu vida. Porque...

¡Se está levantando!

Recoge la camilla cubierta de tela en la que había estado acostado y, soltando un ligero silbido, sale de la habitación. El hombre que nunca había caminado, *¡camina con una gran alegría!* Lo ves desaparecer en la calle...

Vuelves a mirar a Jesús, preguntándote qué dirá o hará —o hará o dirá— a continuación. Ves que sus ojos están de nuevo sobre tu hombro.

Él está observando a los líderes religiosos salir en silencio de la casa.

Está observando cómo susurran entre ellos.

Hablemos de esto

¿Por qué crees que los amigos del paralítico hicieron un agujero en el techo?

Habla de una ocasión en la que tus amigos te ayudaron a hacer algo que no podías hacer por ti mismo.

¿Por qué crees que los líderes religiosos actuaron así al final de la historia?

Capítulo 8

La tormenta y el silencio

Mateo 8.23-27, Marcos 4.35-41, Lucas 8.22-25

Imagina los tranquilos sonidos de un barco que navega por aguas pacíficas. El casco casi silencioso que corta las aguas tranquilas. El suave susurro del viento que se acerca por detrás y tensa la vela. El sonido ondulante de la vela cuando se tensa y jala. El calmante rechinar de las cuerdas tirando del mástil. El canto lejano de un pájaro que se abre paso en la oscuridad.

Ahora, imagina la sensación que sentirías al apoyar tu espalda contra la borda del barco, escuchando estos sonidos, observando las nubes grises del cielo nocturno. Qué tan maravillosamente descansado y relajado te sentirías. Cómo podrías dirigirte a un amigo y entablar una agradable conversación nocturna. Cómo estirarías tus piernas porque estás contento, sientes sueño, y el cálido viento del oeste que toca a tu cara...

Bueno, eso fue hace veinte minutos.

Toda esa paz y descanso se han acabado.

Ahora, una increíble tormenta ha descendido de las colinas, con vientos fuertes desde las alturas, y el agua que te rodea borbotea, se agita y rompe en olas aplastantes. Donde antes los sonidos eran silenciosos, susurrantes, ondulantes, de crujidos y cantos de aves, ahora la noche está llena de GRITOS, RASGADURAS, OBJETOS QUE SE ESTRELLAN y MIEDO. En un momento, tu barco está deslizando por el lado de una ola hacia un pozo de agua oscura; al siguiente, está subiendo, subiendo y subiendo por otra. Las aguas están entrando por ambos lados del barco —ves a tus amigos sacando el agua con cubos— y empiezas a oír un ruido aterrador que parece indicar que el mástil empieza a astillarse y romperse. De repente, caen relámpagos. Durante esa fracción de segundos, puedes ver claramente todo el caos que te rodea.

¿Qué vas a hacer? ¿Qué *puedes* hacer?

Y es entonces que recuerdas que Jesús está en la popa —allí en la parte de atrás del barco— y te preguntas: ¿qué ha estado haciendo durante todo esto? Encontrando el equilibrio, te sujetas del borde de la embarcación y vas caminando hacia atrás, pasando por encima de los asientos y la jarcia, y esperas que no se haya tirado por la borda...

Y allí está, dormido.

¡DORMIDO!

Está recostado en un cómodo cojín; está dormido, a pesar del viento y las olas. Hay un leve indicio de sonrisa en sus labios —quizás esté soñando— casi te sientes mal mientras lo tocas en el hombro y lo sacudes para que despierte.

Tiene esa expresión divertida que pone cada vez que despierta. Parpadea un par de veces, tratando de orientarse. Luego bosteza. Estira los brazos por encima de su cabeza y se sienta. Y ahora te mira, como diciendo: «¿Qué? ¿Qué significa este despertar a medianoche?»

—JESÚS —gritas.
—¿NO TE IMPORTA QUE PODAMOS AHOGARNOS?

No dice una palabra en respuesta a tu pregunta.

En lugar de eso, se pone en pie, pone las manos en las caderas y mira fijamente el viento, las olas, los relámpagos, la espuma y la oscuridad.

—Calla —susurra. Todo lo que hace es susurrar esa única palabra.

Y si no hubieras estado allí, no hubieras visto lo que pasó después, no hubieras *experimentado* todo por ti mismo, no creerías ni en un millón de años lo que tus propios ojos están viendo ahora mismo.

Aguas lisas.

Las gotas que caen de la lona de la vela.

El silencio absoluto de un viento leve.

Un cielo despejado con millones de estrellas parpadeantes.

Al mirar a Jesús, observas mientras se da la vuelta, y se vuelve a sentar en su cómodo cojín en la popa, y sonríe, con esa media sonrisa tan graciosa que tiene.

—¿Por qué estabas tan asustado? —te pregunta—. ¿Qué ha pasado con tu confianza en mí?

Y ese es el primer momento —el momento en que Él se acomoda de nuevo para dormir el resto de la noche en Su cómodo cojín— en que te das cuenta de que Jesús lo creó TODO.

Que el mundo entero vino de su mandato.

De su palabra,

incluyéndote a ti.

Eso es lo que piensas, mientras te quedas dormido con la tranquilidad de las aguas...

Hablemos de esto

¿Has sentido alguna vez el mismo miedo que los discípulos en la tormenta? ¿Qué era lo que te causaba miedo?

Visualiza ese momento de miedo en tu imaginación, pero esta vez imagina a Jesús allí contigo. ¿Está asustado? ¿Qué está haciendo? ¿Qué está diciendo? ¿Cómo te sientes en esa situación ahora que Él está ahí contigo?

Capítulo 9

Compartiendo una comida con Jesús

Mateo 14.13-21, Marcos 6.30-44, Lucas 9.10-17, Juan 6.1-14

Imagina la sensación de rugido de tu estómago cuando has estado esperando comer, mucho más allá del punto en el que ya estabas realmente hambriento. De hecho, ya tenías un hambre atroz hace unas cuatro horas —¡OH TAN HAMBRIENTO!— pero estás en un grupo grande y no querías ser desconsiderado sacando tu comida. Además, te diste cuenta de que no parecía que la madre o el padre de nadie —(no parecía que ninguna de las madres o padres tampoco)— se hubieran acordado de traer un solo bocadillo para comer. Pero —¡DIOS SANTO!— estás hambriento, famélico, con la barriga revuelta; impaciente, cansado y con ganas de gritar «¡Un descanso para comer!»

Estás sentado en una pradera vasta y abierta junto al mar. Está casi anocheciendo: el cielo está medio nublado. La luz otoñal empieza a proyectar grandes sombras sobre y a través de la pradera; los rayos dorados de la inminente puesta del sol te dan en el rostro. Al tratar que la sensación de hambre no te haga enojar, te pones a observar el movimiento de la hierba con la brisa justo delante de ti. Se arremolina, gira y hace una pequeña reverencia al viento: Empiezas a imaginar que la hierba está en el escenario: como una bailarina...

Y es entonces cuando empiezas a notar el murmullo de la gente —el hecho de que ese Maestro ha dejado de enseñar— y que Sus amigos, Sus discípulos, están caminando entre la multitud. Caminan en medio de familias y agrupaciones de personas que han venido juntos desde sus pueblos y les preguntan: «¿Alguien tiene comida?»

Aparentemente, nadie tiene alimento.

Y si no hubieras estado sentado escuchando las maravillosas palabras de Jesús durante toda la tarde, quizá no hubieras dicho ni una palabra sobre la cesta de picnic en la que has estado sentado...

Pero como *has* estado sentado escuchando las maravillosas palabras de Jesús, de repente te oyes a ti mismo anunciar:
—¡Por aquí tengo un poco!

Y ahora, de la mano de un amigo de Jesús que se llama Andrés, según has descubierto, te colocas al frente de la multitud para conocer por ti mismo realmente a Jesús.

¡Jesús!

¡El Hombre de Nazaret!

Ese Carpintero Maestro hacedor de milagros que ha tomado a Galilea por sorpresa: estás a punto de encontrarte con Él, en carne y hueso.

Y es todo lo que siempre esperaste que fuera.

Con una sonrisa amable, se arrodilla y te da la mano; Te está tratando como la persona mucho más madura que sabes que eres. Y con un sincero agradecimiento, acepta tu cesta de comida —cinco panes y dos pescados— y ahora se pone de pie, dando vuelta hacia sus amigos.

Comienzas a observarlo muy de cerca, ahora. Tienes la sensación de que algo fantástico está a punto de suceder delante de ti.

Y esto es lo que pasa:

Levanta Sus manos al cielo y, con una sonrisa, comienza a agradecer a su Padre Celestial por su «nuevo amigo» que ha sido tan amable de ceder su almuerzo. (¡Este eres TÚ, de repente te das cuenta!) Y ahora, al comenzar a partir el pan y arrancar suavemente una porción del primer pescado, entrega una parte de cada uno al primero de sus discípulos. Luego, al segundo. Luego, al tercero...

Y ahora estás viendo cómo estos Doce llevan sus manos y cestas llenas de comida a cada uno de los grupos que están sentados más cerca del lugar donde está Jesús. Luego van más atrás. Y después, mucho más atrás. Y miras cómo la gente que está más cerca pide segundas y terceras raciones; ¡y estás asombrado, ya que esas personas, de hecho, *están obteniendo* segundas y terceras raciones!

Y es entonces cuando empiezas a observar a Jesús de nuevo.

Una y otra vez, Él parte el pan, raja el pescado, los reparte y luego extiende la mano para tomar más y más para compartir. Lo que había sido la comida que tu madre te preparó esta mañana, está siendo ahora repartida entre la interminable cantidad de gente que come al aire libre.

Y ese es el momento exacto en el que finalmente dejas que tu mente y tu corazón comprendan la inmensidad del milagro que Jesús está haciendo delante de ti. Te das cuenta de que nunca habías visto una multitud tan grande en tu vida: cinco, ocho, diez, doce mil, quizás. — Y ahora *¡todos están comiendo de tu almuerzo!*

Y ¿cómo termina este increíble día para ti?

Bueno, ¿qué esperabas?

Verás, una vez que ha terminado de alimentar a toda la multitud, Jesús se dirige a *ti*, diciendo:

—Y ¿qué tal si tú y yo comemos *juntos?*

Disfrutas de una cena perfectamente maravillosa con Jesús, sentados en la hierba. Te permite hacerle un montón de preguntas sobre un millón de cosas. Es aún más interesante cuando logras estar con Él durante un minuto a solas como este.

¡Espera a decírselo a tu madre!

Hablemos de esto

Imagínate en este escenario. ¿Qué te habría dificultado compartir tu almuerzo con Jesús y la multitud?

Habla de la última vez que compartiste algo con otra persona. ¡Pregúntale a Jesús si hay algo que le gustaría que compartieras con alguien hoy!

Capítulo 10

Nada que temer

Mateo 14.22–33, Marcos 6.45–52, Juan 6.16–21

Imagina que estás sentado en un bote junto con todos tus mejores amigos. Estás en medio de un enorme lago, rodeado de colinas. Es de noche. El atardecer rojo y dorado se desvaneció del cielo occidental hace una o dos horas. Durante toda la tarde, el viento ha soplado suavemente del noroeste; la vela de tu bote se ha propulsado muy bien. Tú y tus amigos han estado hablando, contando historias, riendo de un chiste del día anterior; pero ahora todos están cansados y cada vez más callados…

De repente, un fuerte viento viene de otra dirección. Miras hacia arriba. La vela de tu embarcación se agita salvajemente, bailando de un lado a otro contra el oscuro cielo nocturno. Se oye el tintineo de las cuerdas y los aparejos contra el mástil y las amarras; algunos de tus amigos pescadores parecen preocupados: *¡Algo pasa!* En silencio, todos avanzan, bajan la vela, toman los remos y parecen prepararse para que toda la noche cambie.

Antes de que te des cuenta, toda la noche si ha cambiado. Vientos de todas las direcciones. El agua se arremolina y gira; las olas empiezan a crecer y caer con estrépito. Y lo siguiente que ves es que el fondo de la embarcación empieza a llenarse de agua: Se eleva por encima de tus tobillos: ¡las olas están rebasando la borda del barco!

Por lo tanto, tomas un cubo, lo llenas, sacas el agua de la embarcación y la devuelves al mar, ¡pero el mar sigue escupiéndola! Empiezas a tener la sensación en tu vientre de que esta noche no va a terminar bien:

Empiezas a desear tanto no haber dejado a Jesús en la orilla...

Sabes, si Él estuviera aquí, estaría todo bien. Sería como aquella otra noche con la tormenta en el mar. Si sólo Jesús estuviera aquí, dormido en la popa, te acercarías a Él, lo despertarías, y Él acallaría la tormenta, como lo hizo antes. Si tan solo Jesús estuviera aquí contigo...

Y es entonces cuando levantas la vista por un momento. Tal vez algo te llamó la atención. *¿Qué es esa pequeña mancha blanca en la distancia?* Te preguntas.

Pero entonces, estás llenando el cubo, sacando el agua, oyendo los gritos, las preguntas y los miedos de tus amigos: *¡Oh, estás tan asustado!*

Hasta que vuelves a mirar en dirección de esa forma en el agua. Ahora parece que se está haciendo más grande, acercándose...

Pero entonces, vuelves, de nuevo, a tu labor con el cubo, al rescate, el viento y el agua; la oscuridad que te rodea; el sonido de la noche que domina tus sentidos...

Y entonces, miras hacia arriba una vez más.

Y ahí está Él.

Jesús.

De pie en la superficie de las aguas oscuras.

Se eleva y se sumerge con el balanceo y la inmersión de las olas y, sin embargo, allí está Él, en el agua, a pocos metros del borde de la embarcación...

—Soy yo —dice, mirándote directamente a los ojos—. Ya no hay nada que temer.

Ya no tienes ningún miedo. ¿Cómo puede alguien tener miedo cuando conoce a este Jesús? Ya sea durmiendo en la popa y calmando la tormenta, o si camina sobre el agua, Siempre lo hace: Siempre llega.

Jesús nunca dejará de llegar por ti, te das cuenta.

Desde el agua, te pregunta si quieres venir y caminar con Él,
para probar la experiencia de caminar sobre el agua con Él.

¿Dirás que sí?

Esta noche, ¿atravesarás por la borda del barco?

Hablemos de esto

¿Qué te hace sentir mejor cuando tienes miedo?

Imagina que Jesús está a tu lado la próxima vez que sientas miedo. ¿Cómo sería para ti confiar en Él?

Capítulo 11

Jesús tal como realmente es

Mateo 17.1-9, Marcos 9.2-8, Lucas 9.28-36, 2 Pedro 1.16-18

Imagina que estás haciendo una excursión, en lo alto de las aguas de Galilea, siguiendo un estrecho sendero a través de curvas, vericuetos y subidas. Estás subiendo entre las rocas altas y escarpadas de la ladera de una montaña, siguiendo a Jesús mientras sube cada vez más alto. Hoy mismo, se dirigió a ti y a dos de los otros y los había invitado a «subir» con Él, a *dónde* «subir» no has tenido la oportunidad de preguntar. Y, desde entonces, lo has seguido en silencio: Resistiendo y esforzándote, mientras Él sube cada vez más alto por este estrecho sendero.

¿Dónde vamos? —te preguntas. El sol del final del día se siente caliente en tu cara. De vez en cuando, te das la vuelta y miras hacia atrás por el sendero hacia el Mar de Galilea, deseando poder nadar en sus aguas azules...

Pero, Jesús sube más y más alto. ¿Nunca, nunca se detendrá?

Bueno, de repente, Él se detiene. Les indica a los tres que se sienten bajo la sombra de un árbol. Has llegado a un tramo abierto de terreno llano, rodeado de altas rocas rojizas, como si fueran muros a tu alrededor. Sentado a la sombra de ese pequeño árbol, te das cuenta, de repente, de lo cansado que te ha dejado este día de caminata. Todas las vueltas y serpenteos, así como subidas, bajadas y trepar, trepar, trepar han hecho que sientas ganas de tomar una siesta.

Por un momento, tratas de luchar contra el sueño...

Entonces...

No puedes...

Porque ahora, te has quedado dormido.

Y es cuando empiezas a sentir que te despiertas que, de repente, te das cuenta de que todo el mundo a tu alrededor está inundado de luz. Pero es algo más que luz: la sensación contra tu cara y tus párpados es mucho más poderosa: casi tienes miedo de abrir los ojos.

Pero, finalmente, los abres. Solo un poco. Intentas asomarte y ver todo lo que hay que ver. Abres un poco los ojos y, sin embargo, ¡inmediatamente! — ¡Te sientes abrumado por lo que exactamente estás viendo!

Jesús... pero Jesús con un rostro como el sol.

Jesús brilla de forma gloriosa como si cada ápice de toda la luz y la gloria del universo se juntaran y descendieran sobre Él, todos a la vez.

Y hay otros dos hombres, brillando allí junto a Él. Uno le dice a Jesús: —¡Tú, Jesús, eres el que el Señor nuestro Dios ha levantado, un profeta como yo, de entre la gente! Nuestro Padre Dios ha puesto sus palabras en tu boca, ¡y tú hablas a todo el pueblo acerca de todo lo que nuestro Padre Dios manda!

Ya conoces esas palabras: ¡Este hombre debe ser el poderoso Moisés!

Ahora el otro hombre dice: —Tú, Jesús, eres el fuego del cielo que cae sobre la tierra; tú también eres el sacrificio consumido...

Y recuerdas la historia de ese sacrificio y ese fuego de los escritos de los profetas: ¡Este otro hombre debe de ser el profeta Elías!

¡Y ese es el momento exacto en que Pedro abre su boca indiscreta!

—Maestro —dice—: ¡Es maravilloso que podamos estar aquí contigo! Déjame poner una tienda... una casa... o una choza, para que tú, Moisés y Elías tengan un lugar donde quedarse.

Pero incluso antes de que esas palabras hubieran salido de sus labios, un sonido atronador procedente del Cielo hace temblar toda la tierra bajo tus pies:

—¡ESTE ES MI HIJO, MI ELEGIDO! ESCÚCHENLO.

Cuando sientes que el suelo sobre el que estás recostado deja por fin de temblar por esa voz, casi te sientes lo suficientemente valiente como para mirar hacia arriba. No tienes ni idea de si el cielo, las montañas y el árbol seguirán estando allí: Tan poderoso fue el estruendo de esa voz del cielo.

Entonces, te preparas a abrir los ojos; para mirar hacia arriba...

Te dices a ti mismo, *sé fuerte, sé valiente...*

Y cuando por fin abres los ojos y vuelves la mirada hacia esa escena de antes...

...solo Jesús está de pie allí.

Está de pie en medio del terreno llano, totalmente solo, totalmente Él mismo: sólo su manto normal, sus sandalias y esa mirada en su rostro. Los mira en silencio a ustedes, Pedro y Juan, mientras los tres están acurrucados bajo la sombra de ese arbolito.

—¿Han empezado a comprender quién SOY YO? —pregunta.

—*Sí* —dices tú—. *He empezado a comprender.*

Hablemos de esto

Haz un dibujo o describe cómo crees que es Jesús en su forma celestial.

¿Cómo te sentirías si de repente lo vieras así?

Capítulo 12

La resurrección y la vida

Juan 11.1-44

Imagina que estás llorando. Llorando de verdad. Tus hombros tiemblan mientras sollozas incontrolablemente. Ya has estado llorando la mayor parte del día, y no hay nada que pueda hacer alguien para que dejes de llorar. Puedes sentir cómo la tristeza sube desde tu vientre hasta tu corazón y tu mente, como una ola que se forma, crece y golpea. Una y otra vez, el recuerdo de la pérdida y el dolor vuelve a ti; te golpea de nuevo lo que has perdido: *¡Oh, sollozas y sollozas!*

Solo sigues pensando en tu querido y maravilloso hermano. Murió sólo cuatro días antes...

Comienzas a ponerte en pie para buscar otro pañuelo, pero sorpresiva y repentinamente, quedas completamente desprevenida. Miras a través de la puerta abierta: hacia el camino. Al mirar hacia fuera, ves a una mujer que camina hacia la casa —es tu hermana— y te sorprende la expresión de su rostro.

Se ve feliz. Riéndose. Alegre.

Como si los últimos cuatro días no hubieran ocurrido.

Entra y se acerca directamente a ti y te dice:
—María, el Maestro está aquí y pregunta por ti.

Y apenas puedes creer el cambio total y absoluto que de repente se produce en tu corazón:

Te sientes feliz. Riéndote. Alegre.

Como si los últimos cuatro días
no hubieran ocurrido.

Te pones las zapatillas y sales corriendo por la puerta y hacia la calle; ¡es casi imposible que corras más rápido! Giras y serpenteas por las diferentes calles hacia las afueras de la ciudad y, repentinamente, te detienes. Estás mirando a un Hombre de pie en el horizonte. Él saluda suavemente y tú corres hacia Él.

Cayendo de rodillas ante este Hombre, comienzas a llorar de nuevo, diciendo:

—¡Si tan solo hubieras estado aquí, Señor! Si hubieras estado aquí, sé que mi hermano no habría muerto...

—¿Dónde lo has puesto, María? —te pregunta el Hombre.

—Señor, ven y te lo mostraré —respondes.

Pero incluso antes de que puedas levantarte de nuevo para ir, para iniciar la caminata para mostrarle la tumba, puedes escuchar que Jesús está llorando. Llorando de verdad. Sus hombros tiemblan mientras solloza incontrolablemente. Puedes ver cómo la tristeza brota de Su vientre y llega a Su corazón y mente, como una ola que se forma, crece y golpea. Una y otra vez, la realidad de la pérdida y el dolor regresa; Él es golpeado de nuevo por lo que ha perdido: *¡Oh, Él solloza y solloza!*

Jesús llora igual que tú antes...

En pocos minutos, tu hermana, Marta, tú y toda la multitud de tus demás amigos están de pie fuera de la tumba. Estás de pie justo fuera de esta cueva en la ladera donde yace el cuerpo de tu querido hermano. Se llamaba Lázaro. Era el amigo más cercano que podrías imaginar...

Y justo frente a ti —entre tus amigos, tú y la piedra frente a la tumba— se encuentra este Hombre que, momentos antes, lloraba por su pérdida. Ya no está llorando ahora. Simplemente, está mirando la piedra que cubre la tumba.

—Quita la piedra— dice Él, de repente.

Tus amigos murmuran y se quejan: ¡*Qué inapropiado!*

Entonces Marta dice en voz baja:

—Pero Señor, ya lleva cuatro días dentro. Probablemente, ya habrá un olor...

Jesús se vuelve para mirar a Marta. ¡Es como si hubiera un rayo en sus ojos!

—¿No te dije —dice— que, si creías en mí, verías claramente las maravillas que Dios puede hacer?

Entonces, Marta hace un gesto para que la piedra sea removida. Varios obreros comienzan la enorme tarea. Luchan y se esfuerzan por apartar lentamente la piedra que retumba, hace un ruido sordo y, finalmente, queda detenida junto a la tumba ahora abierta...

Jesús mira hacia el cielo.

—Padre —dice— te doy gracias porque me has escuchado. Y sé que siempre me estás escuchando. Pero lo digo ahora para que estos amigos crean ellos mismos que tú me has enviado.

Luego mira hacia la entrada abierta de la tumba. Se acerca un paso y luego grita con fuerza:

—¡LÁZARO! ¡LÁZARO, SAL!

Para ti, se siente como toda una eternidad, de pie allí en el sol de la tarde caliente, viendo la abertura de esta cueva funeraria en la ladera. A medida que pasan los segundos, miras a Martha y te preguntas en qué estará pensando ahora mismo. Empiezas a pensar de nuevo en tu pérdida; en cómo será la vida sin la cercanía de tu hermano. Empiezas a pensar en cómo te sentirás, en una semana, en un mes, cuando...

¿Qué? ¿Qué es ese sonido?

¡Escucha!

¿Qué es ese sonido como si algo rebotara —BUMP, BUMP, BUMP, BUMP— que parece venir del interior de la tumba?

Y, antes incluso de que tengas la oportunidad de dar un paso más, de mirar por ti misma, ya está ocurriendo...

Un cuerpo envuelto en tiras de tela funeraria sale de la tumba dando saltos hacia la luz de la tarde.

¡Tu hermano, Lázaro!

¡Está vivo!

—Desátenlo —ordena Jesús a todos—. Ya es hora de que se vaya a casa.

Y ahora te diriges directamente a Jesús, a Marta, y Él les pone las manos sobre el hombro y les dice:

—¿Ven? ¿No les dije que yo mismo soy la Resurrección y la Vida? El que cree en mí no morirá jamás.

Te das la vuelta, de nuevo, para mirar a tu hermano. Acaban de destapar su rostro sonriente y sorprendido...

Y ahora vuelves a mirar a Jesús. Este amigo tuyo que es la Resurrección y la Vida.

Hablemos de esto

¿Por qué crees que Jesús lloró? ¿Cómo crees que se sintió María al ver a Jesús llorar así por su hermano?

¿Qué enseñó Jesús a la gente sobre el Padre Dios cuando resucitó a Lázaro de entre los muertos?

Capítulo 13

La entrada de un rey

Mateo 21.1-11, Marcos 11.1-11, Lucas 19.28-40, Juan 12.12-19

Imagina la clase de día en el que piensas que ya sabes todo lo que tiene que pasar: Toda la gente que verás, las cosas que harás, la forma en que terminará. Te levantas de la cama y piensas que ya entiendes todo lo que hay que saber; que nada puede sorprenderte acerca de la forma como será este día. Así que, en ese tipo de día, has estado haciendo las cosas que planeaste hacer durante toda la mañana; luego, a primera hora de la tarde, te alistas para hacer otras cosas. Nada en este día es demasiado emocionante, demasiado aburrido, o que llame demasiado la atención: es un día muy normal para ti.

Hasta que...

...de repente...

...ya no lo es.

Vienes por el extremo superior de la calle del mercado, donde se curvea un poco y luego se recorre otro poco, y estás mirando hacia el Monte de los Olivos. Su verdor se ve precioso contra el azul intenso del cielo. Y ahora has girado por un callejón sombrío y fresco que corta entre una hilera de edificios...

Y ese es el momento en que el día cambia por completo.

Ves, al salir de la penumbra del callejón, que tus ojos se iluminan por el brillo de la luz del sol, a cielo abierto. Tus ojos tardan un momento para adaptarse a toda esa luz. Y, al hacerlo, te das cuenta, de repente, de que a tu alrededor hay una multitud de muchos miles de personas, todas mirando hacia el Monte. Toda esta gente también está actuando de forma extraña. Se han quitado sus mantos exteriores —algunos de ellos muy costosos— y las han tirado en la calzada frente a ti. Otros bajan de las colinas con las manos llenas de hierbas y granos para cubrir los bordes de los adoquines de la calle. Y empiezas a notar a otros que han cortado todas las ramas de las palmeras y empiezan ahora a agitarlas.

¿Para qué las agitan? —te preguntas.

No tienes que preguntarte por mucho tiempo.

Porque, en la calle, bajando por la ladera de la colina hacia la ciudad, desde el Monte de los Olivos, viene un hombre que monta un burrito. Al principio, Él está demasiado lejos para ver algo particularmente interesante en su persona, así que tú, en cambio, observas a la gente que te rodea. Lloran, ríen, cantan, gritan, vociferan. Nunca habías visto a la gente de Jerusalén comportarse así. Entonces, todos comienzan a corear, clamar y cantar juntos estas palabras:

«¡Dios bendiga al Rey que viene en el nombre del Señor!
Ahora hay paz en el cielo y gloria en las alturas».

Una y otra vez, cantan y gritan estas palabras...

Cuando el Hombre finalmente pasa por el lugar donde estás parado, tú lo estás estudiando: intentas entender por qué la multitud se ha vuelto tan salvaje. ¿Por qué esta gente cree que este Hombre es un rey? ¿Por qué agitan las palmas y dejan caer sus abrigos en la sucia calzada?

Pero nada de lo que ves responde a estas preguntas...

Te parece que es como cualquier otro hombre...

Y estás a punto de darte la vuelta e irte...

...cuando de repente, Él gira su cabeza.

Por un momento, Él está viendo hacia dónde estás tú —justo en medio de la multitud— y este «Rey que viene en el nombre del Señor» te está mirando a ti. Él está observando tu cara, tus ojos y tu expresión para entender lo que tú estás sintiendo; si crees tú que es el Rey de Reyes.

Y entonces, Él ha pasado; ha pasado por el tramo del camino donde estás tú y va montado en su burro dirigiéndose al centro de la ciudad...

Pero, entonces, una vez más, voltea montado sobre el burro...

...te busca...

...y los ojos de los dos se encuentran.

En menos de una semana, este hombre será asesinado por esta multitud. Y nunca olvidarás esa mirada en sus ojos.

Hablemos de esto

¿Por qué la gente se agolpaba en las calles para ver a Jesús?

¿Qué crees que sentía y pensaba cuando te miraba a los ojos al final de la historia?

Capítulo 14

Solo un sirviente

Juan 13.1-17

Imagina que subes un tramo estrecho de escaleras, iluminadas por la luz de las velas, en la parte alta hay una puerta que conduce a una habitación cálida y confortable. Sabes que en esa habitación están todos tus amigos, hay comida y está Jesús. Subes las escaleras con emoción para ver a todos dentro. La suave luz de la vela brilla y oscila a lo largo de la escalera.

Ya casi estás llegando...

Solo dos pasos más...

Cuando llegas a la parte alta, entras por la puerta. En la sala, hay una mesa grande, lisa y de madera tosca que ocupa la mayor parte de la habitación, cubierta con más velas. Su tenue luz ilumina los rostros de tus once mejores amigos —y la comida en la mesa— y allí está Él, Jesús. Está sentado en la cabecera de la mesa, esperándote.

En silencio, te sientas en el último asiento vacío. En la mesa que tienes enfrente, el banquete de la Pascua ya está puesto y preparado: El pan sin levadura, la carne de cordero, las copas especiales de vino. Puedes recordar los dos últimos años de compartir la Pascua con Jesús y tus amigos; es una tradición especial que ya significa mucho para ti...

Y empiezas a pensar en la Pascua del año pasado, cuando te das cuenta de que Jesús se ha levantado, cruza la habitación, se quita el manto y la túnica y las cuelga. Luego cruza de nuevo la habitación —hasta la otra esquina— y se inclina en la oscuridad para tomar un cuenco. Un gran cuenco de arcilla.

Vierte un poco de agua en la palangana que utiliza junto con la jarra que están destinadas para que los sirvientes vengan a lavar los pies de los invitados.

¿Qué hace Jesús? —te preguntas. Esos sirvientes llegarán en cualquier momento. No hay ninguna razón para que Jesús haga el trabajo de preparar este cuenco con agua cuando, obviamente, ese es el deber de otra persona...

Ese es el trabajo de un sirviente solamente.

Sin embargo, ahora observas cómo Jesús atraviesa el centro de la habitación —sus movimientos son iluminados por las velas— y se pone de rodillas. Se arrodilla a los pies de tu amigo, Juan, y ahora le quita las sandalias y las pone a un lado. Y ahora, con manos tiernas y gentiles, sostiene el pie de Juan sobre el cuenco: *¡Está lavando el pie sucio de tu amigo Juan!* Introduce la toalla en la palangana y la pasa húmeda por todo el pie de Juan. Se toma su tiempo. Cada centímetro de los pies de Juan recibe la misma atención y servicio. Luego, al terminar, se inclina un poco hacia adelante para secar los pies de Juan con la toalla seca que lleva colgada alrededor de su cintura.

Todos en la sala se quedan en silencio: conmocionados. El único sonido es el crujido de las tablas del suelo a los pies de Jesús.

Y es entonces, cuando te das cuenta de que Él te está mirando a ti; que tú mismo serás el próximo en recibir este lavado de pies. Se te hace un nudo en el estómago; no parece apropiado o correcto que el Maestro haga este tipo de cosas por Su discípulo.

—¡No, Señor! —exclamas, de repente—. ¡Nunca debes lavar mis pies!

Te mira con la cabeza girada un poco hacia un lado.

—Pero —dice Él— si no te lavo, realmente no serás parte de mí. Y de lo que he venido a hacer.

¿Qué puedes decir a eso?

Por tanto, Él se aproxima: Lleva el cuenco y la toalla, y se arrodilla ante tus pies. Jesús se dispone a lavar *tus* pies. Sientes cómo te quita cada una de tus sandalias y cómo toma cada uno de tus pies con amor, suavidad y ternura en sus manos. Mientras lo hace, estás mirando la cabeza inclinada de Jesús debajo de ti; lo observas con total fascinación. La parte superior de su largo cabello oscuro es visible a la luz dorada de las velas; su rostro está oculto mientras termina lo que está haciendo por ti.

Entonces, por un momento, Él te mira.

Sonríe.

Su amor abruma cada parte de tu corazón.

Y recuerdas una tarde en particular —y de repente todo tiene sentido para ti— cuando Él dijo: «El Hijo del Hombre no vino a *ser* servido, sino a servir...»

Siempre recordarás la noche en que Jesús lavó tus pies.

Esto es lo que Él vino a hacer.

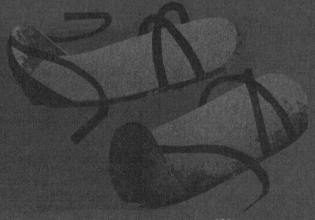

Hablemos de esto

Si pudieras cenar con Jesús, ¿qué querrías que comieran juntos? ¿Qué preguntas le harías?

¿Por qué lavó Jesús los pies sucios de los discípulos?

¿Cómo te sientes cuando consigues ayudar a otra persona? Piensa en algo que puedas hacer hoy para servir a alguien.

Capítulo 15

Él sabe lo que hace

Mateo 26.36–27.31, Marcos 14.32-15.20, Lucas 22.39-23.25, Juan 18.1-19.17

Imagina la mayor sensación de miedo que puedas sentir. Tu estómago empieza a retorcerse; tu garganta parece ahogarte; tu piel se enfría de repente y sientes como si una araña la recorriera. Se te ha ido el corazón hasta los pies. Nunca has estado tan asustado en tu vida como lo estás ahora.

Hace sólo unos minutos, Jesús, todos tus amigos y tú estaban en ese tranquilo jardín al borde del Monte de los Olivos. La tranquila luz de la luna brillaba a través de las ramas del olivo. Jesús estaba a lo lejos, orando. Sin embargo, de repente, se puso de pie y pasó junto a cada uno de ustedes para adentrarse en la oscuridad de la ladera de la montaña cuesta abajo. Pudiste notar que Él estaba observando algo abajo. Te acercaste a su lado para verlo por ti mismo.

Pudiste ver una larga fila de antorchas subiendo por el sendero. Como una serpiente que se deslizaba con la luz del fuego en la oscuridad.

Y entonces, comenzabas a escuchar algo: Armaduras. Espadas. Escudos. Golpeteos y ruidos metálicos.

Al cabo de unos instantes, un grupo de soldados enviados por el sumo sacerdote llegó a la tranquila y silenciosa oscuridad del jardín. Jesús salió directamente hacia ellos.

—¿A quién buscan? —preguntó.

—A Jesús de Nazaret —respondieron con dureza, con aspereza.

—Yo soy Él —les dijo, en voz baja y con suavidad.

Y, sin embargo, como si una poderosa ola —o un viento huracanado— los hubiera derribado repentinamente, todos esos soldados fueron arrojados al suelo, con el solo sonido de su voz. Jesús se colocó delante de ellos y volvió a preguntar:

—¿A quién dicen que vienen a buscar?

—A Jesús de Nazaret —respondieron, pero esta vez con miedo.

—Y les repito que yo soy —dijo Jesús.

Y mientras permitía que estos hombres lo arrestaran, le ataran las manos con cadenas y lo llevaran a la oscuridad, Él miró en tu dirección. Y en sus ojos viste la paz y el gozo.

Era claro que sabía lo que estaba haciendo...

Y ahora, mientras tú bajabas por la ladera, arrastrándote tras Jesús y los soldados, llegaste al palacio del sumo sacerdote. Sus altos muros de piedra se alzan como una fortaleza; tuviste la suerte de colarte por la puerta de su patio interior. Y has estado observando hacia arriba donde Jesús está ante el sumo sacerdote y los otros gobernantes religiosos en una sala medio oscura. No puedes oír sus palabras desde abajo, pero sí puedes darte cuenta de que esos hombres están llenos de odio por la forma en que gritan. Una y otra vez, le gritan en la cara. Uno de ellos, incluso, se acerca y lo abofetea.

Y mientras ves a esos hombres confrontarlo, gritarle, abofetearle la cara, cubrirlo de improperios, Él te mira. En sus ojos se ve la misma paz y gozo.

Todavía está claro que Él sabe lo que está haciendo...

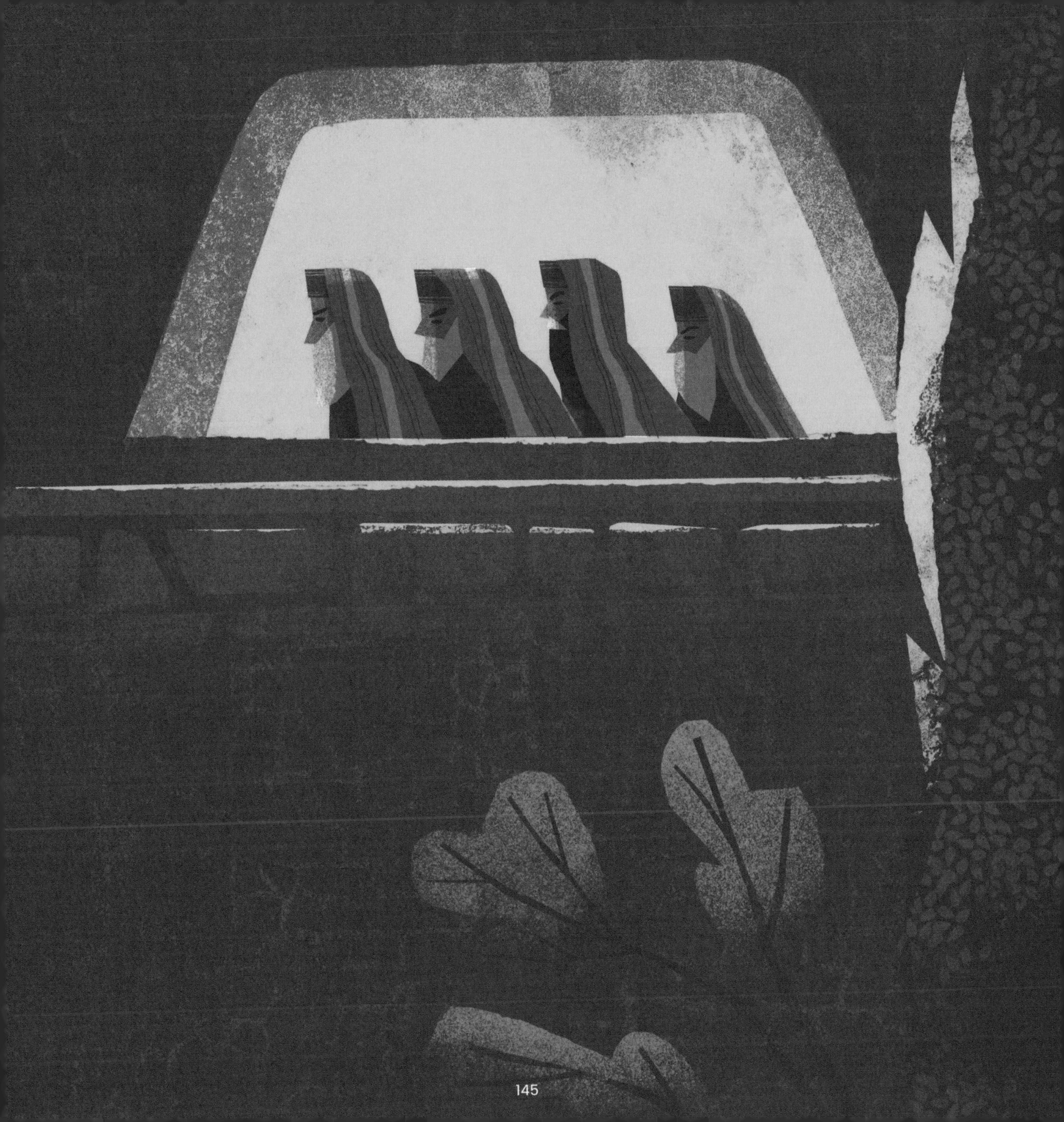

Las horas pasan...

El amanecer comienza a asomarse sobre las colinas del este...

Ahora, lo sigues mientras lo llevan a través de la ciudad, todavía encadenado, hacia el lugar desde el que el gobernador romano gobierna al pueblo.

¿Lo están llevando a la presencia de Poncio Pilato? —te preguntas—. *¿Cómo puede ser esto? ¡Solo los criminales son llevados ante él!*

Sin embargo, lo conducen a través de la alta puerta de hierro y al patio interior sombrío, detrás de esos grandes muros grises. En lo alto, puedes ver el balcón del gobernador. El tribunal está en el centro. Sigues al guardia del templo —y a Jesús— en medio de una multitud de curiosos. Parece que todo Jerusalén está de repente a tu alrededor.

Y ahora Jesús es conducido hacia arriba por un tramo de escaleras, pasando por el tribunal para entrar a las oficinas interiores de Pilato. La multitud está expectante, mientras pasan los minutos. Después horas. La mañana pasa...

De repente, una puerta lateral diferente se abre en el patio y los guardias llevan arrastrando a un prisionero de vuelta a las escaleras hacia el tribunal. Nunca habías visto a una persona con ese aspecto...

De la cabeza a los pies, el Hombre está cubierto de cortes, magulladuras, heridas y sangre; pero extrañamente, también lleva una túnica de rey de color púrpura. Y, lo que es más extraño, una corona —miras más de cerca— es una corona hecha de largas y horribles espinas.

Y mientras pasa por delante de la multitud y tú lo observas, tan triste quienquiera que sea, de repente te mira...

¡Es Él!

¡Es *¡Jesús!*

Sin embargo, incluso después de que los soldados lo golpearon, azotaron y se burlaron de Él, sus ojos se iluminan con paz — y alegría. Él asiente con la cabeza. Él todavía sabe lo que hace.

Te pones a llorar mientras lo ves...

En solo un minuto, lo llevan a lo alto de la escalera, por encima de la multitud, y ahora está de pie junto a Pilato. Están de pie detrás de una barandilla, justo frente al tribunal y están mirando hacia abajo, hacia ti y toda la gente.

De repente, Pilato levanta la mano. La multitud guarda silencio al instante.

Él comienza:
—He dado una lección a este hombre y ahora es el momento de devolvérselos. No ha hecho nada malo.

—¡No! ¡No! ¡No! —la gente grita a tu alrededor—. ¡Mátalo! ¡Mátalo!

—¿Por qué *razón*? —pregunta Pilato, y se puede ver que él mismo se está preocupando por toda esta experiencia.

—¡Mátalo! ¡Mátalo! —la multitud sigue gritando y aclamando—. ¡Crucifícalo! ¡Crucifícalo!

La mirada de Pilato está casi aterrada ahora; puedes ver cómo mira, una y otra vez, a Jesús.

Y luego tú mismo miras a Jesús.

Te ha estado observando, esperando a que mires.

El borde de su labio se levanta repentinamente, sólo un poco, con esa insinuación de sonrisa que siempre solía iluminar su rostro.

Lentamente, Él asiente con la cabeza hacia ti.

Estás mirando Sus ojos con cada ápice de tu energía.

En Sus ojos
está la Paz...

...y la Alegría.

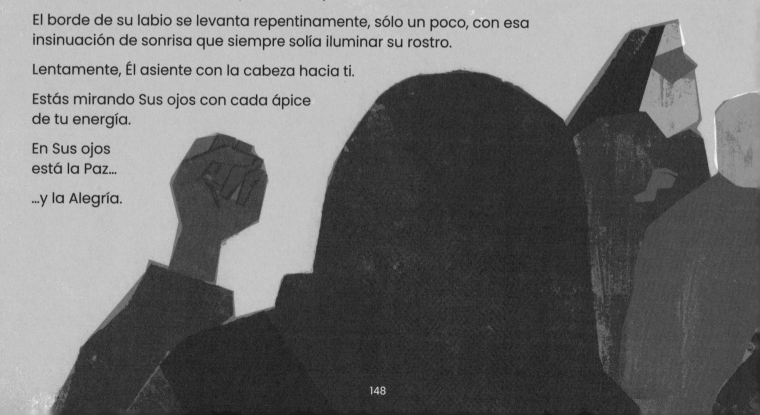

Él sabe exactamente lo que está haciendo —te das cuenta.

Te encuentras en medio de la multitud y observas mientras le ponen una cruz para comenzar a recorrer el camino del Calvario.

Hablemos de esto

¿Por qué crees que Jesús sentía paz y alegría incluso cuando lo estaban arrestando y golpeando?

¿Qué sabía Él que las multitudes no sabían?

Capítulo 16

Hoy en el Paraíso

Lucas 23.26–43

Imagina que fueras un delincuente. Un terrible criminal. Imagina que, desde tus primeros recuerdos de juventud, solo hubieras hecho cosas malas. De hecho, desde que tienes uso de razón, lo único que has *querido* hacer es lo incorrecto. De pequeño, robabas los almuerzos de tus amigos. Pedías dinero prestado y nunca planeabas devolverlo. Esperabas a que nadie te viera y pateabas a los pobres animales. Te escapabas de tu casa y hacías terribles diabluras...

Y las cosas sólo empeoraron a medida que te ibas desarrollando, te hacías más grande, te hacías más listo, te hacías más duro y te hacías más malo. Ahora, buscabas nuevas y diferentes oportunidades para infringir la ley: siempre intentabas hacer algo peor que la última vez...

En definitiva, te convertiste en una persona muy mala. Te convertiste en una persona *endurecida*.

Así que, al final, cuando ya te arrestaron, te juzgaron y fuiste a la cárcel, comenzaste a tener sentimientos que nunca habías sentido. Sentiste culpa. Sentiste vergüenza. Sentiste que cualquier sentencia que recibas podría ser la que realmente mereces...

Y cuando ese juez romano decidió cuál era tu destino —¡LA MUERTE!— no te sentiste particularmente sorprendido o desconcertado. Te pareció que morir en una cruz fue el final natural para una vida muy poco natural. Te pareció que esto era realmente lo que merecías. Parecía correcto de alguna manera...

Y ahora te encuentras en esta colina —llamada «Calavera» o «Calvario»— y ha llegado el terrible día de tu ejecución. En este momento, están extendiendo tus brazos y piernas para ser clavados en la cruz, y—

¡Oh! ¡El dolor es *INAGUANTABLE!*

Dejas escapar un grito de agonía sin fin. Toda la gente que te observa se ríe de ti.

Ahora, levantan tu cruz y — *¡AY!* — ha caído en el agujero que han cavado para mantenerla en pie. Jadeas con cada débil aliento que te queda, mientras todo el peso de tu cuerpo se hunde y cuelga, sostenido con agonía por los clavos.

Y es entonces cuando miras a tu alrededor por un segundo...

Miras a tu alrededor, al mundo que estás dejando...

Miras el cielo azul en lo alto, las colinas en la distancia y la ciudad —blanca y marrón— que se extiende en la distancia. Miras todos los rostros de los burlones, de los soldados y de los ciudadanos que simplemente pasan...

Y luego giras la cabeza hacia la derecha, a tu lado: para mirar a los otros criminales que están siendo ejecutados junto a ti...

Y es en ese momento en que lo ves a Él.

Un hombre del que, sin duda, has oído hablar mucho.

Un hombre del que todos decían que podía ser el Salvador, el Rey de Reyes, el tan esperado Mesías de tu pueblo...

¿Qué está haciendo aquí? —te preguntas—. *No es el tipo de Hombre que debería terminar aquí...*

Y en ese instante, Él se vuelve para *mirarte.*

Y algo sucede en tu interior.

Nunca habías experimentado el amor, la comprensión y la bondad humana, y ahora se expresan con claridad en Su mirada. Sus ojos te miran. Sus ojos te aceptan.

Pero, de repente, se escucha una voz del otro lado de Jesús:
—¡Oye! ¿No eres tú el Salvador? ¿Por qué no te salvas y nos salvas a nosotros? —Reconoces esa voz, es la del otro condenado: uno de los de la banda de criminales con la que solías andar...

Pero tú le dices:
—¿No lo entiendes? Estamos recibiendo aquí exactamente lo que nuestros crímenes merecen. Pero este hombre nunca ha hecho nada malo...

Hay algo en los ojos de Jesús que le dice a tu corazón que lo que Él está haciendo tiene un propósito y es algo necesario. Sus ojos reflejan esperanza... paz... alegría.

Y ahora estás convocando a cada fragmento de todo tu valor, tu esperanza y tu corazón para ser lo suficientemente valiente como para decir Su nombre:

—¿Jesús? —Él gira la cabeza para mirarte.

—Acuérdate de mí —susurras— cuando vengas a tu Reino.

Observas cómo Él sonríe suavemente.

Entonces, Él inclina su cabeza tan cerca como puede para llegar a ti, tirando de los clavos, y nunca olvidarás lo que te dice:

—En verdad te digo que hoy estarás conmigo en el Paraíso.

Hoy.

En el paraíso.

Te encuentras a ti mismo creyendo en Él.

Te encuentras a ti mismo creyendo en Jesús.

Y ahora, le dices a tu corazón, puedes morir feliz.

Puedes morir libre.

Jesús, el Maestro, el Mesías, el Salvador del mundo, está muriendo para *liberarte*.

Hablemos de esto

¿Has hecho alguna vez algo malo de lo que te hayas arrepentido
después? ¿Cómo se sintió?

¿Qué se siente ser perdonado y amado incluso después de haber
hecho algo malo?

¿Qué se siente perdonar a otra persona cuando te hace daño?

Capítulo 17

La gran sorpresa

Mateo 28.1-10, Marcos 16.1-7, Lucas 24.1-11, Juan 20.1-18

Piensa en la mayor sensación de sorpresa que puedas imaginar. Esa sensación en el estómago, mientras contienes el aliento de asombro. La forma en que se abre tu boca por el asombro —¡WHOA! — en absoluta conmoción. Cómo SALTA tu cuerpo porque casi tienes miedo en ese momento. Cómo sientes que tu corazón se acelera por la incredulidad...

Bueno, todavía no estamos ahí.

No del todo.

Así que, en primer lugar, imagina que vas caminando muy temprano en la mañana, aún no ha salido el sol; caminas a través de la niebla y la frescura de las afueras de una gran ciudad. Hace unos minutos, pasaste por delante de las últimas casas, edificios y calles y ahora vas por el campo, yendo cada vez más lejos. Esta mañana, vas a visitar la tumba de tu amigo. Vas a presentar tus últimos respetos a tu mejor amigo, Jesús.

Cuando casi llegas al lugar donde viste que ponían Su cuerpo el viernes —la cueva con la piedra en la entrada— empiezas a sentirte un poco nerviosa. La niebla y la oscuridad hacen que el lugar parezca embrujado y casi aterrador; las sombras y el silencio parecen, de repente, muy grandes.

Y es entonces cuando el suelo a tu alrededor comienza a temblar...

...los árboles, las rocas y las colinas. *¡Un terremoto!*

Haces lo posible por mantenerte en pie, mientras la tierra sigue temblando. Te tropiezas, ruedas y te mueves al ritmo del movimiento de la tierra.

Finalmente, se detiene.

Todo está tranquilo.

Ahora, mucho *más* asustado, comienzas a caminar de nuevo hacia la tumba, a través de las sombras, la quietud y la niebla de la mañana...

Y ese es el momento en el que ves al hombre resplandeciente...

...sentado sobre la piedra que cubría la entrada del sepulcro...

...y este hombre resplandeciente ¡parece estar *esperándote*!

Debajo de él, un grupo de soldados romanos yace en el polvo y la tierra; parece que estuvieran noqueados por el poder de este hombre sobre la piedra rodante. Y allí, junto a él, la abertura de la tumba de Jesús está, de hecho, *ABIERTA*. Tu estómago comienza a hacerse nudos de miedo y conmoción...

El hombre brillante te sonríe.

—No tengas miedo —dice—, sé que estás aquí para despedirte de tu amigo, Jesús. Lo viste morir en la cruz el viernes, ¿no es así? Bueno, Él ya no está aquí...

E incluso antes de que tengas la oportunidad de preguntar dónde está Él, el hombre —¿un ángel? — continúa explicando:

—¡Ha resucitado, tal como dijo que lo haría! Adelante. Echa un vistazo. Ve dentro de la tumba donde Él *estaba*. Y luego, corre de vuelta a la ciudad y dile a Sus amigos que está vivo.

Y estás tan completamente abrumado por esta idea —la idea de que Jesús está realmente vivo— que *no* entras a la tumba para investigar. No, giras sobre tus talones y empiezas a correr por el jardín hacia la ciudad. ¡Tienes que ir a contar a sus discípulos esta extraña noticia!

Más adelante, la luz fresca del amanecer empieza a abrirse paso a través de la niebla; todo te parece confuso, nuevo y dorado. Te abres paso entre árboles, flores y arbustos, intentando encontrar el camino de vuelta a la ciudad, cuando, de repente...

¡Te encuentras con un Hombre!

Ni siquiera lo habías visto allí en el amanecer de la luz dorada.

—¿Por qué lloras? —este Hombre te pregunta.

Su rostro se oculta por la silueta del sol a Sus espaldas. Intentas explicarte ante este sombrío desconocido:
—Porque estoy muy confundida —respondes—. Vine aquí a buscar a mi amigo, Jesús, y ahora ese hombre brillante dice que se ha ido. No sé qué creer...

Y entonces, ocurre la cosa más extraña de toda tu vida...

¡Este Extraño de pie rodeado por la niebla dorada menciona tu nombre!

Lo susurra a través de la distancia que los separa con todo el amor y la calidez de esa voz que conoces tan bien...

Este extraño es...

¡Jesús!

¡Está vivo!

¡Y Él está de pie justo frente a ti!

Tal como seguramente lo viste muerto el viernes, lo estás viendo el domingo por la mañana, vivo y en persona.

¡Jesús!

¡Está vivo!

Corres hacia Él, te lanzas y te abrazas a sus piernas... esto es real... Verdaderamente es Él... ¡Es realmente Jesús! Tiene el mismo aroma, la misma presencia. Es exactamente el mismo Ser. ¡Te estás aferrando verdaderamente a Jesús!

—¡La paz sea contigo! —dice, riendo. Miras su rostro y Él te sonríe.

—Ahora ve y dile a mis hermanos y hermanas —dile al mundo— que voy al Padre, a tu Padre, a mi Dios, a *tu* Dios...

Pero, ahora, todo lo que quieres hacer es aferrarte a Él.

Porque *¡está vivo!*

¡REALMENTE VIVO!

Hablemos de esto

¿Cómo crees que se sintieron los discípulos cuando se dieron cuenta de que Jesús, que había muerto, estaba ahora vivo?

¿Por qué crees que María no lo reconoció de inmediato?

Capítulo 18

Un paseo y un impacto

Lucas 24.13-33a

Imagina que vas por un camino recto, estrecho y polvoriento en el campo, y vas conversando con uno de tus mejores amigos. Es media tarde; caminas a un ritmo cómodo; escuchas a tu amigo mientras miras el paisaje. A tu izquierda, se extienden unas colinas bajas de color marrón naranja; a tu derecha, una llanura que no deja de crecer hasta encontrarse con el lejano horizonte. Llevas toda la tarde —de hecho, todo el día— sumido en tus pensamientos sobre las mismas cosas de las que habla tu amigo.

—No lo entiendo —te está diciendo—. Siempre he confiado en el juicio de María antes. Y ahora parece que Juan también lo está creyendo.

Tu amigo está hablando de los extraños sucesos que han ocurrido durante todo el día de hoy, y tú los repasas en tu mente:

El relato de María sobre el terremoto, el ángel, el supuesto avistamiento de Jesús en medio de la niebla de la mañana...

La carrera de Pedro y Juan hacia el sepulcro en la penumbra del amanecer y la certeza de Juan de que ahora *Él está vivo*...

Los susurros en las calles de que todos los soldados vieron algo, vieron a alguien y que las autoridades les han pagado...

Todo esto da vueltas en tu mente, no tienes ni idea qué pensar, qué creer, qué esperar y qué soñar...

Y es entonces cuando empiezas a notar el sonido de pasos en sandalias de alguien en el camino, justo detrás de ti. Camina bastante rápido. Casi te está alcanzando. Ya estando muy cerca, te iguala el paso y comienza a caminar a tu lado, por lo que miras de reojo. Su manto tiene una capucha que lleva sobre su cabeza, por lo que sólo se puede ver la punta de su nariz.

174

—¿De qué están hablando ustedes dos? —pregunta—. Parece ser algo bastante serio.

Tú y tu amigo se detienen. ¿Qué manera más extraña de iniciar una conversación para un desconocido!

Tú comentas —¡Debes de ser la única persona en Jerusalén que no se ha enterado de todo lo que ha pasado últimamente!

El desconocido ríe para sí mismo. *¿Realmente acaba de reírse?* —piensas.

—¿Qué ha pasado? —pregunta el Forastero, divertido. Los tres comienzan a caminar juntos.

—Ah, sobre Jesús de Nazaret —responde tu amigo—. Él sí fue un Hombre — un profeta tan asombrosamente poderoso en palabra y obra que esperábamos que fuera el Salvador. ¿Realmente no has escuchado una palabra sobre su vida, su muerte y acerca de los rumores de que realmente Él fue el Rey de Reyes?

—Quizás he escuchado algo sobre Él —contesta el Forastero.

Tu amigo continúa hablando:
—Y, por si fuera poco, ahora hace casi tres días que lo asesinaron, y han sucedido cosas extrañas. Algunos de nuestros amigos fueron a la tumba esta mañana, no pudieron encontrar su cuerpo, dicen que vieron a un ángel — y simplemente no sabemos qué creer.

El Forastero camina en silencio durante un momento. Luego se aclara la garganta.

—Bueno —dice Él— ¿es posible que ambos sean un poco lentos para creer todo lo que debía sucederle a ese Hombre? ¿No dijeron los profetas que Él debió morir? ¿No proclamó Él mismo que volvería? Realmente, ¿no era el plan exacto de Dios acerca de que el Salvador necesitaba morir por su pueblo y, de esa manera, encontrar su gloria?

¿Qué clase de extraño es este? —estás pensando. Y, sin embargo, Él continúa hablando...

Ahora, Él habla de la Creación de todo el mundo, de cómo Dios creó todo lo que vemos para que lo veamos a Él. Y habla de la triste historia de Adán y de Eva, de cómo toda la humanidad se enfermó por el mal llamado pecado. Y habla de los israelitas, de la Tierra Prometida, del Tabernáculo y del Templo, ¡es increíble todo lo que sabe! Habla de los profetas como si los conociera y habla de ellos con tanto poder...

Después de mucho tiempo, de repente eres consciente de que estás casi en tu hogar, en tu casita de tu pueblo de Emaús. La tarde llegó y se fue por completo; los colores del anochecer tiñen el nublado cielo del oeste en rosas y púrpuras.

Estás a punto de dar la vuelta hacia tu casa.

Estás a punto de dar las buenas noches a tu amigo.

Y ese es el momento en el que te das cuenta de que el Forastero seguirá caminando en la oscuridad. No se detendrá aquí contigo. Pero debe detenerse aquí, —piensas. *El camino más allá no es tan seguro durante la noche...*

Así que lo invitas a entrar a tu casa, junto con tu amigo, y ahora están caminando por las calles tranquilas hacia tu puerta principal. Los tres entran juntos.

Enciendes una vela, coges una barra de pan de la estantería, abres una botella de vino y pones la mesa para tus dos amigos. Todo parece perfecto.

Te sientas frente al Forastero…

Con un suave movimiento, el Forastero levanta ambas manos y retira la capucha de su manto de su cabeza. Entonces se acerca hacia la luz de las velas y coge la barra de pan que le acabas de ofrecer. Comienza a orar:

—Padre —dice— estoy agradecido por el viaje que he hecho hoy con estos dos amigos. ¡Qué bendición han sido para mí! Ahora, ¿podrías bendecirlos a ambos con ojos para ver? Amén y Amén.

Y mientras lo oyes partir el pan y lo ves inclinarse hacia delante para pasarlo, su rostro se ilumina de repente. El resplandor de la luz amarilla de las velas se refleja en sus rasgos: los rasgos de…

¡Jesús!

¡El Forastero es Jesús!

Y tan rápido como ese pensamiento cruza tu mente, Él se ha ido —*¡ya ha desaparecido!* — y tú y tu amigo están sentados ahora en absoluto silencio.

Pero ahora lo sabes por ti mismo: *¡Está vivo!*

Sales corriendo por la puerta para avisar a los demás…

¡Todos deben saberlo!

Hablemos de esto

¿Alguna vez te ha costado creer algo que te han dicho? ¿Te resulta más fácil creer las cosas que te cuenta la gente o las que ves por ti mismo?

¿Cómo crees que te habrías sentido al darte cuenta de que habías estado caminando y hablando con Jesús todo el tiempo?

Capítulo 19

Hacia las nubes

Hechos 1.4-11

Imagina el día más bonito para hacer un picnic. Es el tipo de día en el que las nubes ligeras y esponjosas surcan los cielos azules; en el que el sol es perfectamente cálido, sin llegar a ser demasiado caliente. Estás sentado en la cima de una colina, mirando hacia la ciudad, descansando sobre una manta suave y cómoda. Estás rodeado de todos tus amigos más cercanos; acabas de comer; te recuestas y disfrutas de todas estas sensaciones agradables.

Cierras los ojos y escuchas el canto de un pájaro: está trinando y ululando de alegría por estar vivo. Sientes la suave brisa en tu cara; estás feliz por el hecho de que tú estás vivo. Al otro lado del mantel de picnic, todavía no puedes creer que Jesús está contigo, que ha estado entre ustedes durante estos cuarenta días. Lo que te hace mucho más feliz que los pájaros que cantan, que la alegría de tu propia vida, ¡es esta gloriosa maravilla de saber que *Jesús está vivo!*

No puedes salir del asombro por todo esto.

De repente, Él habla:
—Ya me han oído hablar de esto antes —dice— de cómo Juan el Bautista bautizaba a la gente con agua. ¿Te acuerdas de eso? Bueno, en poco tiempo, todos ustedes serán bautizados con algo más: el Espíritu Santo.

Tú y tus amigos se acercan, con curiosidad.

Alguien pregunta:
—¿Entonces, ¿significa eso que este es el momento en el que te vas a convertir en el Rey de Israel? ¿Es pronto para derrotar a los romanos?

Jesús sonríe suavemente. Se apoya en los codos.

    —Amigos míos, no les corresponde conocer los tiempos, las fechas y los detalles del plan de mi Padre; al menos no todavía...

    Entonces, sus ojos se entrecierran repentinamente: Te mira a los ojos con la más seria expresión.

    —Pero a *ustedes* —dice —y es casi como si sólo te hablara a *ti* ahora — se les dará poder cuando llegue el Espíritu Santo. Y *ustedes* serán mis testigos, no sólo en este pueblo cercano, o en este condado cercano, o en el siguiente —¡*No*!— serán mis testigos para todos en todas partes.

Y mientras esas palabras resuenan en tus oídos y te preguntas acerca de su significado, lo más maravilloso del mundo entero está sucediendo. Comienza a soplar una ráfaga de viento descendente. La luz del sol empieza a brillar con más intensidad. Y ahora, Jesús se levanta de repente de la manta, del suelo, de la tierra y de todos ustedes. En realidad, empieza a elevarse por encima de tu picnic, de la ladera y de tu círculo de amigos. Se eleva cada vez más alto. Se mueve cada vez más rápido. Está casi al nivel de esas ligeras nubes esponjosas...

Y entonces, de repente, su ascenso se ralentiza...

Por un momento, Él está suspendido allí, en lo alto, rodeado por el aire...

Y Él te está mirando y, sólo por un instante, sus ojos te recuerdan las aventuras que han compartido juntos. Los paseos por las colinas y las llanuras juntos. Los muchos, muchos milagros que le has visto hacer. De las maravillosas enseñanzas e historias de las que Él ha hablado. De todas sus bromas graciosas y el sentido del humor que comparten.

Y, por supuesto, no puedes dejar de pensar en cómo Él murió para liberarte, todo el dolor que sintió para darte vida para siempre. Y ¡ah! cómo sus ojos parpadean aún con la luz de Su resurrección: Siempre está vivo y por siempre, lo estará.

Y luego, justo cuando todos estos maravillosos recuerdos están pasando entre ustedes, Él se ha ido de repente. Ascendió a las nubes.

Pero tienes la ligera sospecha de que lo volverás a ver.

Hay algo en tu corazón que lo sabe: *Este no es el final.*

Hablemos de esto

¿Por qué necesitamos al Espíritu Santo para hacer todas las cosas que Jesús nos ha dicho que hagamos?

Cierra los ojos y usa tu imaginación para visualizar un lugar muy especial al que tú y Jesús puedan ir juntos. ¿Cómo es allí? ¿Qué hace Jesús? ¿Qué tipo de cosas te está diciendo Jesús?

Capítulo 20

Lo que sucede a continuación

Hechos 2.1—4

Imagina que acabas de dejar la cima de la colina, que acabas de ver a Jesús desaparecer entre las nubes, y que ahora estás de vuelta en la habitación de la que saliste anteriormente. Esta es la misma sala en la que Él lavó los pies de todos ustedes, desde la que había ido al Huerto de Getsemaní; esta es la sala en la que se han reunido desde que Él resucitó. Tu corazón y tu mente están abrumados — *¡llenos de asombro!* — por su ascensión al cielo; te dejas caer en una silla y te quedas mirando al otro lado de la habitación. Tus ojos se mueven lentamente por el tablero de la mesa frente a ti hasta que —*¡Mira eso!* — te fijas en su manto tirado allí. Su mejor manto. Su favorito.

Lo recoges y te vuelves a sentar en la silla. Acercas su capa a tu rostro. Huele a Él...

190

—¿Debemos orar? —alguien pregunta a todos.

Todo el mundo está de acuerdo.
— Sí, deberíamos...

Así que inclinan la cabeza y se hace un silencio perfecto...

—Oh, Dios eterno —comienza uno de tus amigos—, eres digno de nuestras mayores profesiones de amor, honor y...

Se detiene. Quizá algo le ha distraído. Tal vez, echa de menos a Jesús, o se siente confundido, de repente tiene miedo, o simplemente no sabe qué decir cuando habla directamente con el Padre.

Entonces, la misma voz comienza de nuevo, pero en un tono bajo:

—¿*Jesús?* Somos nosotros. Todos nosotros.

Estás escuchando la primera vez en toda la historia de la humanidad en la que alguien se ha acercado al Cielo hablando con tu amigo Jesús. Hace que tus ojos se llenen de lágrimas de repente. *¡Todavía podemos hablar con Él!* —te das cuenta, con alegría...

Y ahora imaginas que estás en esa misma habitación, sólo diez días después, rodeado de todos los mismos amigos, todos los mismos muebles, toda la misma sensación de asombro. Durante estos últimos diez días, casi todo lo que has hecho es hablar con Jesús; es lo único que todos *quieren* hacer. Esta experiencia en tu corazón y en tu mente es *casi tan buena* como estar con Él personalmente. Todos ustedes estarán de acuerdo en que hablar con Él es como el cielo en la tierra...

Y es entonces, cuando algo que ni habían soñado comienza a suceder...

El sonido de un viento violento dentro de la casa...

Abres los ojos para ver si una brisa ha abierto las ventanas. ¡Qué está pasando! y es entonces cuando las ves...

Brillantes pinceladas de una llama naranja y roja.

Pequeños trozos de fuego celestial rodeando la habitación.

Parece que descienden desde arriba y caen sobre las cabezas de todos los presentes. Su presencia es como una visita del propio Cielo. No sabes qué hacer, ni qué pensar...

Cuando, de repente, uno de ellos desaparece sobre ti — ¡y dentro de ti! Y todo tu corazón, tu mente y tu espíritu se encienden como una llama. El calor se extiende en tu vida interior como el fuego. Toda la experiencia de tu mundo interior explota con poder. Es como si antes tuvieras muros que encerraban todo lo que había dentro de ti; que cercaban tu corazón; que mantenían tu vida agradable y normal...

Y ahora esos muros han desaparecido para siempre, ¡han quedado demolidos! Tu vida interior es tan abierta, tan libre como la de Él. Ya no hay nada que te separe de experimentar todo con respecto a Jesús, *todo* acerca del Padre, *todo* del Espíritu Santo.

Y ese es el momento en que te das cuenta de lo que te ha pasado...

Es entonces, cuando realmente entiendes...

Hace diez días, antes de subir al cielo, Jesús había dicho: «Se les dará poder cuando el Espíritu *Santo* venga sobre ustedes...»

¡Este es el Espíritu Santo! —te das cuenta—. *¡El Espíritu de Jesús ha venido a vivir dentro de mí!*

Y entonces, se te ocurre el pensamiento más maravilloso, el más elevado y mejor para todo hombre, mujer y niños:

«Espíritu Santo, ¿qué quiere Jesús que haga *a continuación??*»

Esa es la pregunta que puedes disfrutar el resto de tu vida.

Hablemos de esto

¿Cómo te gusta hablar con Jesús? ¿De qué te gusta hablar?

¿Cómo experimentas el Espíritu Santo: en tu cuerpo, o una sensación agradable y pacífica en tu corazón, o es algo más?

¿Cómo escuchas la voz de Jesús? ¿Qué tipo de cosas le gusta decirte? Pregúntale si hay algo que quiere decirte hoy.

Epílogo

del Bill Johnson

El asombro y la imaginación de los niños son regalos de su Creador. Estos encuentros con Jesús que acaban de experimentar no tienen por qué terminar con este libro. Más bien, ahora que has leído estos poderosos *Momentos con Jesús* con los niños de tu vida, deja que sirvan de trampolín para los propios encuentros de tus hijos con Dios.

Mientras leen sus Biblias, permíteles imaginar sus propios momentos: ¿Cómo habría sido ser un joven David, preparando tu honda para Goliat? ¿Qué habría sentido al saber que tus hermanos estaban en tu contra, pero Dios estaba de tu lado? ¿Cómo se habría sentido al acabar con el enemigo de Israel? La Biblia está llena de historias en las que Dios muestra quién es y cómo es con su gente. Y eso permanece igual.

No hay un Espíritu Santo menor. El deseo de Dios de hablarles, de revelarse ante ellos, darles encuentros con Él no es menor a su deseo de conectarse con los adultos. Podemos animar a nuestros hijos y nietos a explorar su relación con Dios de forma tangible y real. Si Jesús fue así de amable, comprensivo y cariñoso con sus discípulos, ¿qué crees que piensa de esa situación que tu hijo está enfrentando en la escuela? ¿Cómo animaría él a tu hijo cuando se enfrenta a la decepción o a la tristeza? ¿De qué tipo de cosas se reiría Él con ellos? Jesús es real, activo y vivo.

Él es quien ha escrito sus destinos, quien los diseñó con dones y propósitos, quien los invita a impactar el curso de la historia. Como representantes de Él en la tierra, los adultos tenemos un papel que desempeñar en la formación del mundo, que es la forma en que amamos, servimos y ministramos a los niños.

Acerca de Bill Johnson

Bill Johnson es un pastor de quinta generación con una rica herencia en el Espíritu Santo. Bill y su esposa, Beni, son los líderes principales de la Iglesia Bethel en Redding California, y sirven a un número creciente de iglesias que cruzan las líneas denominacionales, demuestran poder y se asocian para el avivamiento. La visión de Bill es que todos los creyentes experimenten la presencia de Dios y operen en lo milagroso, como lo expresa en sus libros más vendidos *When Heaven Invades Earth (Cuando el cielo invade la tierra) y Hosting the Presence (Acogiendo la presencia)*. Los Johnson tienen tres hijos y diez nietos.

Acerca de Eugene Luning

Eugene Luning dirige The Union (La Unión), un ministerio dentro de la New Horizons Foundation (Fundación Nuevos Horizontes), que se dedica a la enseñanza, los retiros, el podcasting y el asesoramiento espiritual en Colorado y en todo el país. Además, es cofundador de una empresa de tecnología inmobiliaria, Panoramiq Markets Inc.

Eugene y su esposa, Jenny, son padres de tres hijos, Hadley, Tripp y Hoyt. Viven en Colorado Springs, Colorado, donde también dirigen un grupo semanal, The Anchor (El Ancla).

Acerca de Kevin y Kristen Howdeshell

Kevin y Kristen Howdeshell son esposos y equipo de trabajo que ilustran una gran variedad de proyectos, como libros infantiles de gran éxito, envases de alimentos, carteles de películas, álbumes de música y anuncios editoriales. Su trabajo contiene la textura, la influencia de mediados de siglo y la inclinación por los momentos familiares significativos. Dirigen el estudio The Brave Union en Kansas City, Missouri, donde crían a sus tres hijos pequeños y disfrutan de su pez Betta, su casa en el árbol y su cama elástica. En sus horas no dedicadas al arte, a Kevin le gusta la pesca con mosca, a Kristen le gusta trabajar en el jardín, mientras escucha un partido de béisbol y los juegos de mesa con los niños. Sigue su trabajo en @TheBraveUnion en instagram.

Acerca del proyecto
Momentos con Jesús

El proyecto «Momentos con Jesús» tiene el propósito de ayudar a los niños y adultos a encontrar a Jesús por sí mismos, involucrándose en las Escrituras, a través del poder de la imaginación.

Para ello, ofrecemos recursos como libros, podcasts, vídeos, etc.

Obtenga más información visitando nuestro sitio de internet: www.momentswithjesusproject.com

O póngase en contacto con nosotros en las redes sociales: @momentswithjesusproject

the

BILL JOHNSON

collection

Bill Johnson

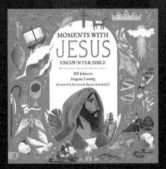

Moments with Jesus
Encounter Bible

The King's Way of Life

God is Really Good

Open Heavens

Mornings and
Evenings in His
Presence

The Way of Life

God is Good

When Heaven
Invades Earth

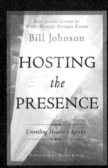

Hosting the
Presence

Bethel

We are a community of believers passionate
about God's manifest presence.

We believe that God is good and
our great privilege is to know and experience Him.